Maria Montessori

Maria Montessori

THE CHILD
IN THE FAMILY

家庭中的儿童

蒙台梭利教育原著全译本

［意］玛丽亚·蒙台梭利 著

郭景皓 郑艳 译

中国发展出版社
CHINA DEVELOPMENT PRESS

图书在版编目（CIP）数据

家庭中的儿童/（意）玛丽亚·蒙台梭利著；郭景皓，郑艳译.—北京：中国发展出版社，2023.7

ISBN 978-7-5177-1379-1

Ⅰ.①家… Ⅱ.①玛… ②郭… ③郑… Ⅲ.①儿童教育—家庭教育 Ⅳ.①G782

中国国家版本馆 CIP 数据核字（2023）第 105805 号

本作品中文简体字版本由国际蒙台梭利协会（The Association Montessori Internationale，Amsterdam）授权中国发展出版社出版。原著首次出版于 1936 年。

书　　　　名：家庭中的儿童
著作责任者：［意］玛丽亚·蒙台梭利
译　　　者：郭景皓　郑艳
责 任 编 辑：沈海霞
出 版 发 行：中国发展出版社
联 系 地 址：北京经济技术开发区荣华中路 22 号亦城财富中心 1 号楼 8 层
　　　　　　（100176）
标 准 书 号：ISBN 978-7-5177-1379-1
经 销 者：各地新华书店
印 刷 者：北京博海升彩色印刷有限公司
开　　　本：880×1230mm　1/32
印　　　张：5.5
字　　　数：100 千字
版　　　次：2023 年 7 月第 1 版
印　　　次：2023 年 7 月第 1 次印刷
定　　　价：25.00 元

联 系 电 话：（010）68990642　68360970
购 书 热 线：（010）68990682　68990686
电 子 邮 件：841954296@ qq. com
本 社 网 址：http：//www. develpress. com

出版前言

蒙台梭利教育至今已有百余年历史，而在我国真正开始传播与推广，不过三十余年。在这短短的三十多年中，尽管对蒙台梭利方法的理解仍有很多困难、矛盾，尽管已成立的蒙台梭利学校存在一些问题，蒙台梭利教育仍广泛流传并遍及全国。正像蒙台梭利所言："蒙台梭利方法的传播比任何一种现代教育方法都快。……蒙台梭利方法就像不断酝酿的酵母，又像随风播撒的种子一样，在世界各地安家落户。"

蒙台梭利教育的秘密到底在哪里？要想彻底弄清楚，除了研究她的原著，恐怕没有更便捷的路可走。在我国，自1985年北京师范大学卢乐山教授编著的《蒙台梭利的幼儿教育》一书出版至今，翻译引进的蒙台梭利原著仍不完整。此番中国发展出版社联合中国蒙台梭利国际教育培训中心（MTC），基于国际蒙台梭利协会（AMI）的授权与严谨审核，推出"蒙台梭利教育原著全译本"丛书，就是希望从基础的工作做起，帮助读者接触到真正的、完整的蒙台梭利原著；并希望有更多的研究者、实践者从基础的工作做起，懂得真正的蒙台梭利教育，传播、实践真正的蒙台梭利教育，为了孩子，也为了我们自己。

编者

2023年5月

Montessori in China

蒙台梭利教育在中国

　　早在20世纪初，随着《蒙台梭利教育法》中文译本的出现，蒙台梭利教育传入我国。当时我国著名的幼儿教育家陈鹤琴先生评价蒙台梭利说："她的努力和功绩，揭开了幼儿教育新篇章，使幼儿教育面目一新。"1914年，江苏省成立了"蒙台梭利教育法研究会"。1923年，北京女子高等师范学校附属蒙养园开办了两个蒙台梭利班（1926年因人事变更而停办）。这些是蒙台梭利教育传入我国之初的情况。当时我国与世界其他国家同时接触了蒙台梭利教育，蒙台梭利教育一经引入，就受到国内幼教界的好评与欢迎。

　　然而，20世纪前半叶的中国，战乱不断、社会动荡，幼儿园数量少、规模小、经费有限，无力采用为人称道的蒙台梭利教育。20世纪20年代，蒙台梭利博士致函南京国民政府教育部部长，邀请中国派人赴罗马参加教师培训，并征集在中国实行该教育的报告及书籍。时任国民政府教育部部长蒋梦麟先生回复称"您的教具颇多，但不甚经济，中国多采用设计教学法，教材取自生活，不需购置教具"，又称中国没有实施蒙台梭利教育的报告文章及翻译的书籍等。蒋梦麟之言反映了我国当时的实情，蒙台梭利教育虽受到称赞，但未能传播开来。

1949年新中国成立，当时政府提出了学习苏联的方针，以苏联的学前教育模式改造中国的幼儿教育，将西方国家的幼儿教育思想及幼儿教育家视为资产阶级性质，持否定的态度。蒙台梭利及其创立的幼儿教育法同样未受到肯定。这阻碍了人们真实地了解蒙台梭利及其教育观，蒙台梭利教育思想被曲解；在实践中禁锢了蒙台梭利教育，致使其无人知晓，更说不上采用了。

1978年以后，历史掀开新的一页，我国学术界逐步走向务实，走向开放，开始纠正错误。打开国门后，我国幼教界前辈——北京师范大学教授卢乐山先生发现蒙台梭利教育依旧存在，并在世界范围内发展壮大，终于在1985年编著出版了《蒙台梭利的幼儿教育》一书。后来，人民教育出版社又相继翻译了蒙台梭利的四本专著，即《童年的秘密》《有吸收力的心理》《蒙台梭利方法》《教育中的自发活动》。同时，大学课程中对蒙台梭利思想的否定终止了，取而代之以对蒙台梭利教育的客观介绍。

随着我国改革开放的推进，境内与境外幼儿教育同行的交流日益深入，拉开了蒙台梭利教育理念和方法在我国幼儿园中应用的序幕，实践的成效渐渐显现出来。首先被吸引的是家长，他们希望自己的孩子也能接受这一良好的教育，渐渐地便有更多的幼儿园开设了蒙台梭利教育实验班。从沿海到内地，从大城市到中小城市，从单位办园、私人办园到教育部门办园，蒙台梭利教育在我国以惊人的速度普及，目前已遍及全国二十几个省、自治区和直辖市。

一些积极进行蒙台梭利教学研究的幼儿园，致力于蒙台梭利教育的本土化研究，取得了显著成效，并且仍在不懈努力地探索、研究与提高。然而，有很多蒙台梭利培训机构由于师资欠缺或为经济利益所驱动，对蒙台梭利教育的理念领悟得甚为肤浅，成效寥寥。对蒙台梭利教育理念不同程度的误解，也在焦急渴求优秀教育方法的家长中传播。

2007年，蒙台梭利的第一个儿童之家创立100年后，国际蒙台梭利协会在杭州成立了中国蒙台梭利国际教育培训中心。国际蒙台梭利协会将秉承玛丽亚·蒙台梭利博士的教育理念，在中国开展一系列学术支持活动，这标志着更高水准的蒙台梭利理念开始在中国传播开来。

（此为中国蒙台梭利国际教育培训中心授权中国发展出版社出版此书时撰写）

蒙台梭利生平

在很多方面，玛丽亚·蒙台梭利都超越了她所处的那个时代。

她是意大利历史上第一位女医学博士；她是著名的科学家、女权主义者，现代教育史上伟大的教育家；她是儿童的爱护者。她关于儿童成长与发展方面的发现，以及后来依据这些发现而发展起来的科学教育体系极具革命性。即使到今天，距蒙台梭利博士所创建的第一个儿童之家的成立已经100多年了，她教育方面的理念仍具有独特的价值，鼓励着很多人去关注儿童，积极地为教育改革提供意见、方向和机会。

1870年，蒙台梭利出生于意大利安科纳地区基亚拉瓦莱小镇。早在学生时期，蒙台梭利就对自然科学产生了浓厚的兴趣。1890年，蒙台梭利排除了重重阻挠，在罗马大学注册研读医学。

毕业后，蒙台梭利在罗马大学儿童医院儿童心理诊所担任助理医师，着重服务于精神方面有障碍的儿童。蒙台梭利观察到，那些孩子就像"牢房里的囚犯"，她开始设法帮助他们。她给予他们一些东西，并留意他们的反应。通过细致的观察，她渐渐明白智能问题在很大程度上是教育的问题，而非医学的问题。她开始科学地创造和运用教具，并利用这些教具辅助孩子们学习。孩子们的进步非常快，大多通过了规定的测试，有些孩子的表现甚至超过了正常的孩子。

1907年，蒙台梭利在罗马劳工区圣罗伦佐成立儿童之家，同那里的孩子一起工作。这些孩子来自穷苦家庭，但智能发育正常。通过观察和实验，她总结出了初期的蒙台梭利教育原则：重复、工作和选择的自由。结果超乎寻常！这些孩子变得有礼貌、独立、能够自理并善于照顾伙伴。他们形成了自尊的意识，而在这之前，在他们身上是看不到这些品质的。他们不需要奖励，会为内在的满足感而工作。儿童之家的第一群孩子被称为"神奇的儿童"，引起了社会广泛的关注。

随后，蒙台梭利应邀建立了更多的学校。她发现：通过与环境的互动，这些孩子精神上得到了"痊愈"。尽管一开始她自己也为这些孩子的成就（自发地写字和阅读、极度专注、内在的自律、寓乐于学）所震惊，但是通过持续的观察，她发现这些是所有孩子身上都有的正常品质和能力。此外，她发现，孩子可以进行自我教育。这一简单而又深刻的事实鼓励着蒙台梭利毕生都为教育改革而奋斗。

很快，许多国家和地区纷纷建立起蒙台梭利学校。1913年，蒙台梭利首次访问美国。同年，贝尔和他的妻子在华盛顿成立蒙台梭利教育协会，对该协会鼎力支持的还有托马斯·爱迪生和海伦·凯勒。

1922年，蒙台梭利被任命为意大利政府的督学。由于反对墨索里尼法西斯主义，1934年她被迫逃往西班牙。1936年，西班牙内战爆发，她移居荷兰。1939年，蒙台梭利受邀访问印度，战争使她被迫停留在印度，直到20世纪40年代末。她在儿子马里奥的协助下，在印度多次主导了蒙台梭利训练课程，这些课程为印度的蒙台梭利教育活动奠定了坚实的基础。在那里，她发展出宇宙教育的原则和地球儿童计划。

鉴于她的工作为世界教育领域注入了新的理念，扩充了世人的理解，蒙台梭利于1949年、1950年和1951年连续三年获得诺贝尔和平奖的提名。

1952年，玛丽亚·蒙台梭利逝世于荷兰，但是通过国际蒙台梭利协会，她的事业得以长存。国际蒙台梭利协会是蒙台梭利于1929年成立的一个组织，旨在开展她的工作。自第一家蒙台梭利儿童之家成立，不计其数的孩子的生活得以改变。在美国，私立蒙台梭利学校的总数超过5000所，200所以上的公立学校使用蒙台梭利式的教育课程。这是世界上普及的教学法，目前在六大洲拥有超过28000所学校，造福从零岁到青春期的孩子。

（此为中国蒙台梭利国际教育培训中心授权中国发展出版社出版此书时撰写）

家庭中的儿童
The Child In The Family

Contents 目录

Part 1

空 白

遗憾的是，像儿童肯这么辛勤工作，这么吃苦受难，又这么体贴的良伴，却没有真正为成人所了解。在人类历史上，有关儿童的记载仍是一页空白。

为了与当代其他旨在创新教育形式的尝试有所区别，人们将本书提及的教学法冠以我的名字——蒙台梭利教学法。这种教学法使我们能够在儿童身上发现一些以前从未被观察到的精神特质。事实上，展现在我们眼前的只是儿童的轮廓，其内在的奥秘仍有待我们去发现。

正是由于期待这些发现，同时也为了更深入地了解儿童、承认并保护他们的权利，我们投身于直接的社会活动。还有一个驱使我们采取直接行动的原因是，儿童是置身于强权下的弱势群体——他们不被理解，对他们各方面发展具有深远意义的需求也没有为成人社会所认识。这样的事实清楚地告诉人们：我们的儿童正处于怎样的境地。

蒙台梭利学校，是一个能够让儿童静心成长的地方。在这里，儿童被压制的心灵可以获得解放，儿童能够表达真我；在这里，儿童所表现出来的学习态度和行为模式，也与一般意义上关于儿童的流行观念相去甚远。因此，我们不得不反思过去在教育方面所犯的错误，进而将教育的重心置于人类最为脆弱敏感的成员——儿童身上。

我们的儿童展现出来的心智水平，是以往未被观察到的。那些能够展现儿童"人类倾向"的活动，也未被心理学家或教育家讨论和探究过。比如，儿童并没有被那些我们认为他们应该会喜欢的东西（如玩具）真正吸引过，他们对童话故事也没什么兴趣。相反，儿童都想摆脱成人的控制，自己动手做每一件事；除非真的需要帮助，不然他们会清楚、明确地表现出自己并不需要帮助、不想成人插手的想法。儿童对自己的事情有着强烈的兴趣，毫无杂念并全神贯注于其中，那种和乐安详的境界令人惊讶。

显然，源自儿童神奇内心世界并自然流露出来的自发性，长期以来都被成人的强势和不合时宜的干预死死地压制住了。成人认为每一件事情自己都能够做得比孩子好，想当然地把成人的那一套行为模式强加在儿童身上，强迫儿童放弃他们自己的愿望和行动，强迫他们顺从成人的意志、服从成人的控制。

成人用自以为是的方法解释儿童的行为，以自以为正确的方式对待儿童，不仅造成某些教育细节上的偏差和学校教育形式的不完善，更由此引发了一系列完全错误的行动。而今，我们成人的这些错误引发了一个社会与道德范畴的新问题。长期以来，儿童和成人一直处于一种相互对立的制衡状态；然而现在，儿童已经打破了这种平衡。正是这种态势的逆转，迫使我们必须立即采取行动。这一行动不仅要针对教育工作者，更要针对所有的成人，尤其是为人父母者。

随着蒙台梭利教学法的广泛传播，许多文化背景，甚至风俗习惯大相径庭的国家也都相继建立了蒙台梭利学校。世界各国对蒙台梭利教学法的重视，也从另一个角度证明了上述儿童与成人之间的对立是普遍存在的现象。这种对立使儿童从出生那一刻起，就开始受到成人的压制，更为危险的是，成人对儿童的这种压制竟然是无意识的。即使在有着优越文明的开明社会中，儿童和成人之间的对立关系，也因为复杂的社会礼教对儿童行为的约束和对儿童自我发展的刻意限制而趋于恶化。

一个在成人掌控的环境中成长的儿童，他的许多需求都没有办法得到满足。儿童的需求不仅是身体上的，更重要的是心理上的；心理需求能否得到满足，会直接影响日后儿童在智能和道德精神方面的发展。儿童被力量远比他们强大的成人压制着，不但不能按照自己的意愿行事，还要被迫适应不利于他们发展的生活环境，这一切都只因为成人天真地以为自己的做法是在帮助儿童学习社会生活。几乎所有所谓的教学活动，都不约而同地对儿童采用命令式的，或者说近乎暴力的方法，来强迫儿童适应成人的生活世界。这些方法基本上是要求儿童必须完全无条件地服从成人的指示。这么做等于否定了儿童作为独立个体的存在，对儿童来说是不公平的。儿童的身心因此受到的虐待和伤害，即便是成人，也无法忍受。

　　成人以盛气凌人的态度对待儿童，这在家庭中十分普遍，即使是备受宠爱的儿童，也有可能被成人的权威压制住自己的个性。在学校的学习环境里，类似的强权教育也是存在的。这种有组织的学校教育是为了直接让儿童尽早适应成人的生活，迫使儿童提早接触成人的世界。但实际上，学校里苛刻严格的课业标准和强制执行的校规校纪，会将儿童原本烂漫美好的童年破坏，儿童的天性与这样的学校氛围格格不入。家长也和学校一样，采用权威式教育方法，对缺乏抵抗能力的儿童来说，无疑是一股强迫的压力；儿童发出的又胆小又羞怯的求救声，好像也从未引起人们的注意。儿童期待有人能够倾听他们内心的声音，但儿童幼小的心灵，却一再受到伤害。长此以往，儿童会变得不愿意顺从，甚而不爱惜自己，并不负责任地做出危险的行为。

对儿童更公正、人道的做法，是营造一个全新的学习环境——有别于儿童以往赖以生长并借以构建自我人格的环境。这个学习环境应该配合儿童的性情，让儿童获得自由的发展。任何一种教育制度的推广，必须先从建立一个能够保护儿童免受成人世界里的种种困难和障碍威胁的环境做起。这个环境要像风暴中的庇护所，像沙漠中的绿洲，像精神休憩的港湾，时刻确保儿童健康正常地发展。

没有什么其他社会问题比儿童遭受压制更为普遍了。历史上的被压迫者，如奴隶、仆人、劳工，都属于弱势群体。他们寄希望于社会改革以求翻身，而社会改革往往发生于压迫者和被压迫者的斗争之后。美国的南北战争是为了废除黑奴制度；法国大革命则是为了反抗统治阶级，建立现代新经济制度。这些都是成人之间强行诉诸暴力，试图经由可怕的战争矫正所谓的错误的活生生的例子。

然而儿童的社会问题，并不单纯是阶级、种族或国家的问题。一个无法有任何社会作为的儿童，会成为伴随在成人身边的附属品。而成人为了自身利益压榨别人权益的做法，将会破坏社会的整体性。无论从哪个方面来看，不管受到压榨和磨难的是谁，儿童总是被涵盖其中。所有关心儿童的人一致指出，儿童是最无辜的受害者。那些被当作成人附属品的儿童，是那样的弱小，无法替自己争辩。他们受到的伤害深深地触动我们的心，唤起我们心底的同情和慈爱。已经有太多关于不幸的儿童和快乐的儿童、贫苦的儿童和富有的儿童、被遗弃的儿童和被宠爱的儿童的论述了。这些论述说明了一个事实，就是我们所看到的成人之间的差异，实际上早在这个人还是儿童和青年的时候就已经定型了，而且童年经历对其成年之后的生活有极深远的影响。

儿童是什么呢？儿童被视为成人制造的产品，成人拥有自己的孩子就像拥有自己的私有财产一样。没有一个奴隶像孩子之于父母那样被彻底地拥有；没有一个仆人像儿童那样被要求必须服从成人的指示；也没有人的权利像儿童的权利那样被忽视。没有一个工人像儿童那样，必须盲目地遵从成人的命令——至少工人还有下班的时候，还可以找个地方放松一下。儿童被成人用一堆严格又专制的规定限制着，什么时间必须做功课、什么时间才可以玩，都得按照成人的规定。因此，我想没有一个人愿意永远处于儿童的地位。

我们的社会并未将儿童视为独立的个体。因此，儿童的家就是成人住起来觉得很舒服的房子。在这个家里，通常妈妈负责洗衣做饭，爸爸负责外出工作赚钱，爸爸妈妈只要尽力而为照顾好孩子就行了。学校也会尽量尊重这种传统意义上的家庭生活方式，因为人们始终认为，这样的安排就是我们能为儿童提供的最好的照顾。

人们似乎从来没有想过儿童实际上是完全独立于成人的个体。自古以来，绝大部分道德思想和哲学理论，都以成人为中心，和儿童童年有关的社会问题都被忽略了。人们没有考虑过儿童独特的性情，也没有关心过儿童为了达成其生命中非凡成就的不同需求。成人把儿童看成无助的弱小者，认为他们需要成人的帮助和支持，认为他们需要遵照成人的指令来做事。遗憾的是，像儿童肯这么辛勤工作，这么吃苦受难，又这么体贴的良伴，却没有真正为成人所了解。在人类历史上，有关儿童的记载仍是一页空白。

我们希望能够填满这一页空白。

Part 2

新生儿

在我们心中，有一种难以言喻的无知、一种已深植于个人精神和整体文明的盲目。就像视觉上的盲点一样，人们对新生儿的盲目无知，正是人类对生命的一个盲点。

我们知道，文明是使人类逐渐适应环境的一种方法。如果这种说法是正确的，还有谁比刚出生的婴儿所经受的环境转变更强烈、更突然呢？新生儿简直是从一个世界降临到另一个世界。因此，我们不禁要问：我们的文明究竟为新生儿的诞生准备了些什么？

在人类文明的历史上，应该有一页前言，这页前言详细记载着成人用什么样的方法帮助新生儿适应他们所降临的新环境。只是，这一页前言并不存在。人类生命开始的第一页仍然是空白，因为还没有人试着去了解一个新生命的迫切需要。

然而，我们从以往的经验中发现一个可怕的事实，那就是儿童在婴儿时期的负面经历将会伴随他们一生，并影响他们未来的发展。人类胚胎期在母体内长成的阶段和后来在儿童期的成长变化，不仅影响其成人期的健康状况，还会对未来整个人类种族延续方面产生影响。这个结论为世界各地的专家学者所普遍认同。到底是什么原因，让分娩这个人类整个生命过程中最艰难的一刻，只被认为是产妇的危险时刻，却没有人认识到，它对新生儿来说也是一道难关？

经由分娩，新生儿彻底脱离了之前赖以为生的母体的保护。和母体分开的新生儿，必须马上靠自己尚未发育完全的器官来维持生命。在出生之前，胎儿在母体内特别为他设置的温暖羊水中成长，母体保护着胎儿，不让丝毫异动或温差，哪怕是一缕微弱的光线或轻柔的声音干扰胎儿。

然而，经由出生这个过程，在母体温暖羊水里生活的新生儿被推到外界的空气中生存。在没有任何过渡的情况下，原本在妈妈肚子里安详静养的胎儿，就这样被迫经历筋疲力尽的出生过程。在分娩过程中，新生儿瘦弱的小身体像从两块互相挤压的磨石之间穿过。最后，新生儿带着伤，像长途跋涉的朝圣者般降临到这个世界。然而，我们做了些什么来迎接他们的到来，帮助他们顺利地降临到我们身边呢？分娩的时候，我们几乎把所有的注意力都放在妈妈身上，医生也只是例行公事般地粗略检查一下新生儿，仅仅为了确定新生儿是活着的，并且一切功能正常。刚荣升为爸爸妈妈的夫妻，看着襁褓中的小婴儿，心中充满喜悦。成人的"自我"因为这个美丽天使的诞生而获得满足。孩子的降生也实现了他们长久以来的美好愿望：他们拥有了一个孩子，而且这个孩子的诞生让他们的家庭充盈着爱的感觉，并紧密地结合在一起。

当生完孩子的妈妈，安详放松地躺在微暗的房间里休息的时候，有谁想起是否也应该让同样经历了出生过程、筋疲力尽的新生儿在微暗的房间里安静休息，好让他能一点一点慢慢地适应新环境呢？没有人认为新生儿也同样经历了磨难，没有人充分认识到新生儿从来不曾被触摸过的小小身躯有多么敏感，也没有人体谅新生儿对其复杂的生理机能运作以及每一个陌生触碰的敏感反应。

有人说，自然界时刻为自己的子民做好了准备，并且自会在必要的时候给予他们所需的帮助。至于其他物种，每一个生命个体都要经历相同的考验。然而，如果文明已经为人类创造了能够超越天然的人并且约束人的天性的"第二天性"，那么观察其他动物出生时的情况，可能会很有趣。假如仔细观察身边的动物，我们就会发现母兽会将自己的孩子藏起来，让刚出生的幼崽避开强烈的光线，还会用自己的体温帮孩子保暖。母兽会非常警觉地保护自己的孩子，不让其他动物接近，更不允许其他动物接触幼崽，甚至连看一下都不准。

然而，对人类的新生儿而言，无论是自然还是文明，都不曾为减轻他们适应环境的困难提供足够的帮助。有人说，孩子能存活下来就已经足够了。他们判断孩子是否成功适应环境的标准，只在于孩子能不能平安地活着。我们应该允许新生儿在刚出生的时候继续维持他的胎位；可是，现实情况是新生儿一出生，马上就被穿上衣服，甚至有一段时间被成人包得紧紧的，柔弱的四肢被强行限制住了。

过去人们常说："健康的孩子绝对能够逐渐适应环境，自然界的万物不都是这样吗？"既然如此，为什么冬天的时候我们还要拼命保暖，还要全身裹着柔软的毛毯舒服地坐在椅子上享受闲适的生活呢？难道我们还不如一个新生儿强壮吗？如果人类真的如此强大的话，为什么不干脆自由自在地住在树林里呢？

死亡，就像出生一样，也是一种自然规律，是每个人一生必然走向的终点。既然死亡是一件极其自然的事情，为什么我们还要想尽各种可行的方法减轻死亡的痛苦和忧虑呢？既然已经十分清楚无法战胜死亡，为什么我们还想要尽量减轻死亡的痛苦呢？但是，我们不曾想过要缓解出生的痛苦。

总而言之，在我们心中有一种难以言喻的无知、一种已深植于个人精神和整体文明的盲目。就像视觉上的盲点一样，人们对新生儿的盲目无知，正是人类对生命的一个盲点。

我们必须充分了解新生儿的本质，只有这样，新生儿才能从一生下来就受到妥善的照料，新生儿也才能安稳地跨出生命中的第一步。照顾新生儿的人一定要具备丰富的知识，并且要以新生儿本身的需求为主。即使只是简单地抱抱孩子，也一定要极其温柔谨慎。最好不要随便移动新生儿，除非能够做到绝对的温柔小心。我们必须明白，在孩子刚出生的时候，甚至在孩子还没有满月时，需要一个非常安静的成长环境。这时，最好让孩子光着身子，不要给孩子穿衣服，也不要用毯子把他们包裹起来，只让孩子在合适恒定的室温下保暖就可以了。因为在这个时候，婴儿自己的体温还不足以抵抗外界环境温度的变化，衣服对新生儿而言并不起多大作用。

在这里，我不想强调这个观点，因为妈妈们会说我忽视了每个国家都有其不同的传统育婴方式。对于这一指控，我只能说各种不同的育婴方法我都有所涉猎。我曾经在许多国家作过研究，深入观察过各种不同的育婴方式，才发现这些方式在某些方面有所缺失。我必须重申的是，这些育婴方式真正欠缺的是一种必要的意识，即应该意识到我们要以一种有价值的方式迎接新生儿的到来。

事实上，在绝大多数国家，儿童都未被彻底了解。造成这种情况主要是因为从儿童出生那一刻起，成人在潜意识中就对他们充满了恐惧和烦恼。出于本能，成人想要保护自己的所有物，即使这些东西一文不值。成人的态度从一开始就已经定了型。我们被恐惧所困扰，我们认为孩子的降生将打乱我们日常的生活秩序，家也会被孩子损坏或弄脏。正因为持有这样的态度，当孩子在家的时候，我们对待他们的方式不外乎寸步不离地跟在后头，随时准备扑过去抢救那些可能惨遭破坏的物品；甚至，我们还会想办法从家里逃离，以求心境的平和。但同时，为了不让儿童成为成人的附属品，为了使他们最终能够成长为有教养的儿童，成人也会压制儿童特有的所谓"随心所欲"的真性情。

在尝试将他们教育成有教养的儿童的过程中，成人由于对儿童缺乏了解会犯很多错误。很多被成人判断为"任性"的行为，不过是儿童"随心所欲"的真性情的表现而已。举例来说，儿童在一两岁的时候，特别是在两岁的时候，会有一种非常积极的需求——他们总是习惯于看到物品永远摆放在熟悉的特定位置，每一样东西都有特定的使用方法。如果有人破坏了儿童熟知的这种秩序，儿童就会感觉非常不舒服，甚至觉得沮丧，然后他们会想办法把东西归到原位，以安抚自己的心情。

在我们的学校（蒙台梭利学校）就可以看到这种现象——即使是年纪非常小的儿童，也会表现出物归原位的需要。有一次，一个孩子站着，低头看着散落在地上的一些沙子。他的妈妈看见了，随手就把这些沙子拂走了。出乎她意料的是，孩子竟然当场哭了起来。直到他把妈妈拂走的沙子重新收集起来，捧回原来的位置，孩子才停止哭泣，这时妈妈才明白孩子为什么哭，但是她把孩子的这种需要当成了淘气的表现。

另一个孩子的妈妈因为天气很暖和，就把外套脱下来搭在手臂上。令她大惑不解的是，她的孩子在这个时候开始哭闹。没有人知道孩子为什么那么伤心，直到妈妈再把外套穿上，孩子才安静了下来，这时大家才恍然大悟。这个例子再次告诉我们，儿童突然变得焦虑不安，主要是因为他们所熟悉的物品放在了他们不熟悉的位置。

成人想当然地认为在这种情况下，应该轻微地惩罚一下儿童，以为通过这种惩罚能够纠正儿童的所谓缺点；但是，如果儿童的这些所谓缺点在他们长大以后就会自然消失，那么很明显，现在纠正儿童就是多此一举。毫无疑问，成人不会因为有人脱下外套就突然大哭。我们经常无法理解儿童某些行为的真正意思，反而认为他们这样的行为是无理的表现。无论如何，我们应该识别儿童现在的某些"缺点"，认识到这些"缺点"长大以后自然会消失，所以这些暂时出现的小瑕疵也就不值得我们担忧。一旦我们开始接受这种对待儿童的方式，我们就能够慢慢了解很多事情，并且爱上那个有许多小毛病的小家伙，因为我们知道终有一天他将改掉这些小毛病，变成一个明理守礼的成年人。

　　再举一个例子：我认识一个两岁的孩子，他的保姆每次都在同一个浴缸、用同样的方式给他洗澡。后来，这个保姆因为有事必须离开一段时间，不得不由另一个保姆暂时代替她照顾这个孩子。但是，新保姆一给孩子洗澡，孩子就开始哭，新保姆也不明白到底是为什么。后来，原来的保姆回来了，问孩子："为什么每次洗澡，你都会哭呢？是因为她不好吗？""不是的，"孩子回答说，"她每次给我洗澡，都是倒着洗的。"原来，以前的保姆在给他洗澡的时候，都是从头开始，但新保姆是从脚开始。洗澡的先后顺序对这个孩子来说，是生活规律中的一部分，一旦有人试图改变这种次序，孩子就会尽全力加以守护。然而，儿童努力想守护规律和次序的这种行为，往往却被成人理解为"不乖"。

Part 3

心理胚胎

以这种方式实体化的儿童是一个心理胚胎，他们必须依靠自己的力量，在新环境里求生存。正如生理胚胎一样，心理胚胎也需要外在环境的保护。在这个环境中，他们能感受到爱的温暖，能体会到自己存在的价值；这个环境也将完全接受他们，从不压制他们。

我们应该把新生儿视为"心理胚胎"①——为了降临到这个世界上，而包藏在肉体中的精神。但是，另一方面，从科学的角度来看，新生命却被视为一片空白地来到这个世界上。最终组成一个活生生个体的是人的组织和器官，这些组织和器官的生长发育都可以用科学仪器测量出来，但是精神却无从查证。可是，如此复杂精密的生命体真的是从"无"中产生的吗？这仍然是一个未解之谜。

新生儿站在人生旅程中一个易受影响的起点。刚出生的孩子没有行动能力，并且有很长一段时间都无法自主，也没有能力做任何事情，就像虚弱的病人和瘫痪的中风患者一样，需要别人照顾。除呜呜的抽噎声或疼痛的叫喊声以外，新生儿大部分时间都很安静，成人听不到他们的声

①　心理胚胎（spiritual embryo）：也可译作"精神胚胎"，本书统一译为"心理胚胎"；与之相对应的英文physical embryo译作"生理胚胎"。——译者注

音。不过他们一哭，我们就会马上冲到他们身边，就像有人需要我们帮助时一样。很长一段时间之后，有可能是几个月，甚至是一年或更长时间以后，新生儿才不那么娇弱，变得比较像孩子了。同样，可能几个月、几年之后，他们的声音也会变成小孩子的样子。

我们把儿童在身体上和心理上成长的现象，看作一种实体化的过程。也就是说，从本质上来讲，成长是一个神奇的过程，在成长的过程中，有一种内在的能量启动了新生儿原本不能自主的身体。这个能量一启动，新生儿的手脚就可以动起来了，新生儿也开始学说话了，不仅具备了行动的能力，也有了表达意愿的能力，这便是实体化。

与其他动物不同，人类的婴儿一出生就有人照料。但事实上，不急着给予新生儿无微不至的照料对他们的成长有着非常重要的意义。为什么呢？对任何一种动物而言，不管它们的幼崽在出生的时候多么脆弱，发育得多么不健全，只要一出生，几乎马上或者在非常短的时间内就要依靠自己活下去。它们要马上学会走，甚至跟在妈妈后面跑，还要马上学会与同类沟通的方式。例如，小猫要会"喵喵"叫，小绵羊也要懂得"咩咩"叫。虽然它们发出的声音很微弱，但它们降生的这个世界还是不断回响着它们发出的嘶鸣。动物成长的准备期短暂又简单。可以说，它们一生下来就具有本能，决定它们以后的行为。比如，顽皮的小老虎从出生的那一刻起，就已经会自己站立了，在出生后短短的时间内，就能够敏捷地钻来钻去。

每一种降生到这个世界上的生物，天生不光只是具有外在的形体而已，还具有潜在的本能。所有的本能都在动作中显现，也代表着不同物种与众不同的特征。据说，所谓动物的特征是从它们动作的属性而非身体的特性表现出来的。因此，我们用动物身上具有的特性来描述动物，而动物身上独有的特性，统称为"心理特质"。动物的心理特质，在出生时就很明显。这样来看，我们怎么能说人类的新生儿没有同样的天赋呢？有一种理论将动物的动作行为解释为物种繁衍的经验积累，那么我们为什么不能以此为依据来探讨人类的特征呢？人类自诞生之日起，一直直立行走，并且在不断地发展自身的语言，也将经验传递给子孙后代。

在这些明显的规律当中，必然隐藏着不同。让我以商品的制造方法来作个类比：有些东西只需要轻轻按一个键就可以由机器快速地批量生产出来，所有的产品都一模一样；而有一些东西则是依靠手工慢慢打磨出来的，每一个都有所不同。手工制造的价值，就在于它带有艺术家的独特风格。这个类比在某种程度上表达了人和动物在心理上的差异。动物就像批量生产出来的产品，每个动物一生下来，就已经固定具有和同类一样的特性。但是，人是"手工制造"出来的，每一个人都不太一样，如同自然界制造出来的艺术品一样，每一个人都有与众不同的精神特质。此外，人的"制造"过程缓慢又耗时。在外部特征显露之前，人的内在就已经开始发展，这个发展不是一模一样的人的复制，而是不断发展的新形态的积极创造。到目前为止，生命体的内在发展仍然是一个无法探知的谜。人类的发展一直都是一个费时的内在建构过程，正如艺术家制造一件艺术品一样，在这件艺术品呈现给公众之前，艺术家必须先将自己隔离在幽静的工作室里，不断修饰和改造这件艺术品。

人类性格的形成是一个看不见的过程，是一个被称为"实体化"的过程。对我们来说，柔弱无助的婴儿是一个谜，我们唯一能够确认的一点就是他们的将来有无限可能，但是没有人知道他们会成为什么样的人，有什么样的成就。婴儿柔弱无助的身躯，有着比其他任何生命体都复杂的独特机制，但毫无疑问，他们是独立的个体。人类只属于他们自己，每个人的特性让实体化的进程向前推进。音乐家、歌唱家、艺术家、运动员、暴君、英雄、罪犯、圣人——都以同样的方式被生下来，但是他们每个人都带着各自独特的发展密码来到这个世界，而正是这种独特的发展促使他们每个人去做不一样的事。

儿童刚出生时无助的现象，曾经是哲学家探讨的主要课题，医学专家、心理学家或教育学家，却不曾对这种现象产生兴趣。这种现象仍然被人们想当然地认为是一种不争的事实。虽然大多数婴儿都能顺利地度过这段深埋于潜意识之中的无助时期，但婴儿期的影响会对儿童日后的日常生活造成严重的心理后果。那些认为婴儿不只是行动上被动，而且心智空洞的想法，实在是错得离谱。还有人认为，儿童在婴儿期后的神奇发展，完全是因为成人的照顾有加和细心养育，这样的想法同样有错。因为这样的想法容易让爸爸妈妈产生一种责任感，他们会认为自己就是激发孩子内在生命力的力量，因此他们就用创造一件艺术品那样的方式教导自己的孩子。为了发展孩子的智力、敏锐性和意志力，他们不停地发号施令。最终，成人赋予自己近乎神圣的力量，并深信自己在儿童的生命中占据着重要的地位，就像《创世记》里所描述的上帝一样，"上帝依照自己的形象，按照自己的样式创造了人类"。

自大是人类最糟糕的缺点！成人的自我膨胀正是儿童承受诸多苦难的原因。实际上，就算儿童真的握有打开自己内心世界的钥匙，就算儿童确实显示出发展的趋向和一定的心智天赋，他们想公开表达自己、展现自己的企图，也是潜在的和试探性的。这个时候，如果成人过分自大，不合时宜地强加干涉，可能就会抵消儿童的努力，挫伤他们自我实现的意愿。事实上，成人的所作所为很有可能给儿童生来具有的天赋造成负面的影响，这也许就是人类在一代一代传承中失败的原因。真正的问题在于，儿童有其独特的心理生命，只是他们得花些时间去了解这份天赋，而且必须克服重重困难，经过长时间的努力才能充分掌握、运用他们的心智。

这种观点揭露出一个惊人的事实——一个潜藏在儿童身体里的、被压制的心灵产生了，并且正在茁壮成长，正一点一点地激活儿童被动的躯体，唤醒儿童沉睡的意志，开启儿童潜在的意识。然而，在新环境中，另一股巨大的力量正等着他，最终驾驭他。在新环境中，没有人认识到或者接受"人性实体化"的事实。在新生儿最困难、最需要帮助的时期，他们没有受到任何保护，也没有人为他们提供任何帮助。对新生儿来说，一切都是阻碍。

以这种方式实体化的儿童是一个心理胚胎，他们必须依靠自己的力量，在新环境里求生存。正如生理胚胎一样，心理胚胎也需要外在环境的保护。在这个环境中，他们能感受到爱的温暖，能体会到自己存在的价值；这个环境也将完全接受他们，从不压制他们。

一旦认识到这些，成人就必须改变自己对待儿童的态度。儿童以心理胚胎的形象出现在我们眼前，赋予我们新的责任。那个脆弱、优雅的小东西，那个受我们喜爱、被我们用过多的物质包围、几乎像我们的玩具的婴儿，必定会唤起我们心中对他的尊重。我们必须尊重儿童。

人在实体化的过程中，必然面临很多内在的困难，而且在这个创造性的实体化的过程中，也一定发生了许多人们不曾记录下来的戏剧性变化。要构想出尚不存在的意志，几乎是不可能的，但是为了最终激励和锻炼被动的躯体，意志必须最终对其加以控制。此刻，婴儿娇弱的生命之花绽放开来，他们开始有了意识，开始感知周围的环境，在自我实现力量的驱使下，肌肉也开始活动起来。儿童的这种内在努力，必须受到尊重。我们也必须无条件地支持儿童的内在努力，因为这段时期是儿童人格发展定型的关键

期。既然肩负着这样的重任，我们就有义务尝试着去了解
儿童的心理需求，并且为他们准备一个符合其需求的生长
环境。同时，还应该借助科学的方法。这正是教育要遵循
的首要原则，也是有智慧的成人必须掌握并应用的一门科
学，因为在人类的发展尚无定论之前，我们还有很多工作
要做。

Part 4

爱的导师

谁能担任教孩子去"爱"的导师呢？是那些总把孩子的活泼好动当成不乖的人，还是那些只会惩罚孩子的人？没有人能够在不付出非凡努力的情况下教导孩子如何去爱，也没有人能够不睁开意识之眼、不看清楚这个比他个人的世界更为广阔的世界，就成为孩子爱的导师。

儿童对成人的一切都极其敏感，并且愿意在每一个细节上遵从成人。实际上，成人绝对无法想象，儿童准备随时遵从于成人的意志有多么坚定，而这也正是儿童的特性之一。举例来说，一天，一个孩子把拖鞋放在了床上，他的妈妈告诉他："不可以这样，拖鞋很脏。"然后，妈妈用手在床单上拍了拍，把灰尘拍掉。自那以后，任何时候只要这个孩子看到拖鞋，就会对着拖鞋说"好脏"，然后跑到床边去拍灰尘。

孩童如此，夫复何求？儿童这么敏感，又这么容易受到我们的影响，因此成人应该时刻注意自己的一言一行，因为我们做的每一件事、说的每一句话，都会印刻在儿童的脑海里。儿童是完全服从于成人的，因为服从就是他的生活。儿童热爱并且崇拜对他们说出金玉良言、教他们人生智慧并指引他们生活的成人。因此，我们应该认识到，即便是我们认为微不足道的不良行为，都将对儿童日后的行为养成产生巨大的影响，或者很有可能造成儿童情绪上的严重反弹，我们应该重视。此外，我们还应该牢记，儿童总是随时准备好对我们付出爱并听从我们的话。

儿童是爱成人的，这一点是想要了解儿童的成人必须铭记的前提。我们总是说父母和老师是多么地爱孩子，有人甚至主张必须教孩子如何去爱他们的妈妈、爸爸和老师，甚或去爱每一个人。然而，谁能担任教孩子去"爱"的导师呢？是那些总把孩子的活泼好动当成不乖的人？还是那些只会惩罚孩子的人？没有人能够在不付出非凡努力的情况下，教导孩子如何去爱，也没有人能够不睁开意识之眼、不看清楚这个比他个人的世界更为广阔的世界，而成为孩子爱的导师。

毋庸置疑，孩子深深地爱着成人。孩子就是在上床睡觉的时候，也一定要让他们爱的那个人陪在身边。可是，孩子爱的那个人会想："一定要停止这种无理取闹的行为。如果我在孩子睡觉的时候还陪在他身边，一定会把他宠坏的。"吃饭的时候，孩子爱的那个人会这么想："如果孩子要和我们一起坐在餐桌前吃饭，假如不让他过来他就开始哭的话，那我们最好假装还没有要吃饭！"但其实，孩子只是想在自己爱的人吃饭时在场而已；他们还只是婴孩，日常饮食相当受限，还不能吃成人平常吃的食物。只要成人把孩子带到餐桌前，他们就不会哭了。假如孩子坐在餐桌前还哭，那是因为没有人理他们。孩子很想成为集体中的一员。

在我们吃饭的时候，还有谁像孩子一样，边哭边说自己是多么想要和我们在一起？等到将来有一天，我们会发现：没有人在睡觉前哭着要我们和他们在一起了。每个人都只考虑他自己，睡觉前只记得今天发生了什么事，就是没有人想到我们。那将会是多么悲哀啊！只有孩子才会在每天晚上都记得说："不要走，陪我嘛！"成人却回答："不行，我还有很多事要做。再说，哪有人睡觉还要别人陪的？"成人认为，一定要把孩子的这个坏习惯改过来，不然孩子会把他们变成爱的奴隶。

有时候孩子一早醒来，就会把还很想睡觉的爸爸妈妈叫醒。每个家长都抱怨过类似的事情。但是，每个人都应该和这个溜下床的纯真孩子做一样的事才对。太阳出来的时候，大家就应该起床了，可是爸爸妈妈还在睡觉。孩子早上来到爸爸妈妈床边，好像在说："你们一定要好好生活，快点起床，早晨已经在向我们招手了！"孩子并不是想当老师，他们对父母这么上心，只因为爱父母。孩子早上一醒来，就不由自主地想跑到他们爱的人身边。孩子要经过几乎没有什么光线的昏暗房间，他们也许走得跌跌撞撞，但他们一点也不怕黑黑的影子和看起来半掩的房门，孩子走到爸爸妈妈身边，轻轻地触摸他们。爸爸妈妈往往会说："不要在早上把我吵醒。"而孩子会这么回答："我没有吵你呀，我只是亲你一下而已！"然而，爸爸妈妈还是会想别的方法来教训孩子。在我们的生命中，还有谁一睁开眼睛就想和我们在一起？还有谁那么不怕麻烦，只因为想看看我们、亲亲我们，而特别小心翼翼地不把我们吵醒？这样的事情在生命中又能够发生几次呢？

然而，人们认为必须纠正这样的行为。孩子表现出来的爱，人们竟然认为一文不值！

孩子一早醒来，爱的不仅是亮丽的早晨，他们爱的还有老是睡着、一辈子不怎么清醒的爸爸妈妈。我们总有睡过头的倾向，但是孩子的到来给我们一个全新的开始。孩子用我们不懂的方法叫醒我们，并让我们保持清醒。每天早上，他们出现在我们面前，好像在说："看，你可以过另一种生活，你可以过得比现在更好。"

我们总是能够过得更好，因为人很容易有懒惰的趋向，而孩子可以帮助我们上进。如果成人不愿意去尝试，就会失去机会，渐渐顽固起来，最后变得麻木不仁。

Part 5

新式教育

教育家将婴儿和只有几岁大的幼儿称为"软蜡",意思是,对这个时期的儿童,可以用适当的方式加以塑造。"软蜡"的观念本身并没有错,错就错在教育家认为儿童必须由他们来塑造。事实上正相反,儿童必须自己塑造自己。

在以往的讨论中，"教育应始自出生"这种观点一直是大家热衷的话题，尽管如何教的问题尚未有人涉及。这个问题看起来像纯理论的，似乎脱离实际，至少不像儿童的健康需求那么具体。例如，某些医生专门给为一岁左右儿童提供服务的一所特殊学校制订了计划。在这所特殊学校里，儿童会接受一些针对手和脚的运动课程，为他们日后用到手脚的日常活动作准备。毫无疑问，这种做法是错误的。因为这些可怜的小家伙要学的东西已经够多了，这种做法并没有考虑到娇弱的新生儿可能会因此受到运动的伤害。不过，我们也无须对此太过紧张，不让新生儿做任何活动也是不可行的。我们在引导新生儿活动时，要明确以下原则：如果我们以上述特殊学校的方式构建新生儿的教育，那就大错特错了。因为成人在锻炼儿童四肢的时候，明显地将成人的动作方式套用在儿童身上，这是一个普遍的错误。成人不应该把儿童塑造成自己的复制品，而应该不加干预，让儿童依照对自己的深刻了解去活动。

身体的运动应该源于儿童的内在，且由儿童内在的生命来整合。这种整合就是前面提过的实体化。除非儿童自己愿意活动，否则儿童的肌肉不可能正常发展，因为肢体运动乃是自我意愿的表达。对于这一切，我们无能为力，只能静待儿童自己的内在生命来加以安排。但是，我们可以借由各种方法，鼓励自己去了解儿童的发展过程，因为我们缺少和儿童直接的沟通，尤其是语言上的沟通。在这种情况下，我们往往不能真正了解儿童作为一个独立个体的需求。对儿童需求的了解是点滴累积的，但必须明确的是，对儿童需求的了解要以实实在在的观察为基础。

我们通常都认为儿童很脆弱，没有自理能力，甚至很烦人，他们需要成人无微不至的照顾，一哭起来吵得每个人都不得安宁。在儿童出生的头一年，许多人都抱着这种态度对待他们，完全没有考虑到儿童的心理发展。宗教信仰中那些认为人格在婴儿期就已经存在的观点，是正确的。基督教帮婴儿洗礼是因为相信儿童已有灵魂，因而也就承认了他们的心理生命。但是除此之外，基督教并未考虑整个人格发展过程中最重要阶段的潜在个人特质。发生在发展过程中的错误，要比发生在整个内在发展过程已经结束后的错误，更具破坏性。在这个意义上，任何抑制儿童成长的事情，都会对儿童日后人格的形成产生非常重大的影响。因此，我们必须认识到，这个问题不仅在教育领域意义非凡，对整个人类历史也举足轻重。

从儿童出生之日起，我们就必须试着观察那些表明儿童心理生命如何发展的难以捉摸的行为表现，以便了解儿童生命最初几个月的发展模式。

教育家将婴儿和只有几岁大的幼儿称为"软蜡"，意思是，对这个时期的儿童，可以用适当的方式加以塑造。"软蜡"的观念本身并没有错，错就错在教育家认为儿童必须由他们来塑造。事实上正相反，儿童必须自己塑造自己。这是一个基本的原则。儿童能够自动自发地塑造自己，这可以从儿童用来表达他们自己的各种方式上得知。而成人——这个儿童眼中无所不能的大师，却可能盲目、粗鲁又不适当地介入，把儿童开始在自己的"软蜡"上画出的轮廓毁掉。事实上，将成人的这种介入称为"罪行"，并不为过。

在日本，有这样一个传说——孩子死后，他们的灵魂将获得永生。他们非常努力地用许许多多的小鹅卵石叠成小塔，可是邪恶的魔鬼推倒小塔的速度永远比孩子叠塔的速度快。这个故事象征性地揭示出了孩子的天谴厄运和对他们永远的处罚。不管怎样，即使成人并非故意要这么做，但他们的行为确实破坏了儿童悉心费力在内心建构起来的东西。在成人不注意的时候，儿童会重新开始他们的建构工作，可是成人会再一次将其破坏。儿童和成人之间的"斗争"就这样一直僵持着，直到儿童完全投降，不再发表自己的意见，不再做自己想做的事为止。

由此可见，在儿童这段如此敏感的时期，教育是何等重要——事实上，这个时期的教育工作，比接下来任何时期实行的教育都重要。为了避免成为妨碍儿童正常发展的阻力，成人一定要保持非常被动的态度，而且不能盲目地、不合时宜地干预儿童。我们可以根据魔鬼和天使的不同来理解这句话：天使的力量是用来创造的，而魔鬼的力量则用于毁灭。作为一个"教育者"，我们可以选择正确的途径，敏锐地去了解什么样的行动才是帮助儿童发展所必需的。我们一定要约束自己的行为，以免造成破坏。创造者应该是儿童，而非成人。然而，想要清楚地认识这一点并非易事，一般人还是认为成人才是新生命的创造者。因此，我们成人必须要做的是，将自己从自以为万能的幻觉中解放出来，洗净自己的"罪过"。

这样做了之后，我们应该试着更深入地了解儿童的人格。对于教育工作者而言，无论他们教的是新生儿还是年龄稍大的幼儿，他们的首要职责都是承认并尊重儿童的人格。在前面的论述中，我曾经举过一个不尊重儿童的例子——我们因为怕孩子吵而不让孩子和我们在一起。在成人的世界当中我们觉得欢心愉悦的事，对孩子也照着做准不会错。如果我们正在吃晚餐，而孩子却在另一个房间里流泪，那是因为我们忽略了他们，他们被单独隔离在外。我们不会用这么不尊重的态度把成人关在房里。就像对待其他任何人一样，我们应该觉得孩子能和我们坐在一起吃饭是我们的"荣幸"，我们也应该乐于见到孩子，并让他们亲近我们。

有一些人认为，让孩子在成人吃饭的时间吃成人吃的食物，对孩子的健康不利，但我们实在不必太过担心这个问题。最重要的是，如果我们忽视了孩子，我们就伤害了孩子，而我们这样做了，却不会请求孩子的原谅。

儿童最让人不可思议的地方，是他们异常敏锐的观察力。我们认为儿童观察不到的事物，儿童都看到了。既然如此，奇怪的是，为什么我们还相信一定要用鲜艳的颜色、夸张的手势和高分贝的声音，来吸引儿童的注意呢？我们不知道的是，儿童有很强的观察力，可以注意到许多影像，不光是东西的影像，还包括动作的影像。儿童注意到的除事物的影像之外，还有事物之间的关联性，在我们还没注意到的时候，儿童的观察力、理解力就已经很先进了。举例来说，一个四周大的婴儿，出生以后还从没有到房子外面去过，而且从他出生到现在只见过两个男人，一个是他的爸爸，另一个是他的叔叔，这两个男人也从来没有同时出现过。有一天，这个婴儿同时看见了爸爸和叔叔，他惊奇地看着其中一个，然后再转头看看另一个，就这么看了好长一段时间。为了让孩子有时间仔细观察，爸爸和叔叔很安静地站在这个婴儿面前，不说一句话。如果当时两人离开房间，或是说话分散婴儿的注意力，这个婴儿恐怕再也不会有让他印象如此深刻的经验。最后，这两个人还是离开了，但是他们是慢慢地走开的。这样，婴儿有时间分别观察他们每一个人，婴儿也确信爸爸和叔叔是两个截然不同的人。爸爸和叔叔在这里所做的是，帮助孩子建构他自己的内在能力，并借此达到教育的目的。

还有一些例子，是和还不会说话或不会走路的孩子有关的。有一个成人抱着一个几个月大的婴儿，婴儿在饭厅看到一幅画了许多水果的画，他就看着这幅画，模仿吃东西的样子。这个婴儿当时还在喝奶，但是他曾经看过成人吃水果。抱着婴儿的成人看见他模仿得那么开心又很有兴趣的样子，就抱着他站在画前，一直到他兴趣索然才离开。我们当然可以称这个成人为"教育家"——孩子通过模仿成人的动作进行内在的练习，而这个成人允许孩子完成这项活动。

在另一个例子里，一个孩子看见大厅的芭蕾舞者雕像后，立刻跳起舞来。因为孩子曾经看过别人跳舞的样子，所以他知道雕像的姿势就是跳舞的动作。

孩子总是对某些特定的东西特别感兴趣。如果有人把原本不在房间里的东西放进房间，孩子马上就会发现，还会追问那是什么东西。有一天，一个小女孩被带到外面玩，她在墙边发现了一块石头，这块石头给她留下了非常深刻的印象。从此以后，小女孩每次出门，一定要停下来看看这块石头才行。

毋庸置疑，儿童喜欢光亮和花朵，也爱观察动物。原因非常简单，因为我们都知道，儿童是敏锐的观察家，他们可以很好地加工、整理感知到的影像。儿童经常会做一些事情来满足他们的观察欲望。例如，当成人对儿童说话的时候，儿童会非常仔细地观察成人的嘴，但是我们却认为要吸引儿童的注意力，非得大声喊叫他们的名字。其实并非如此，即使我们不说话，只是做出假装讲话的样子，嘴唇做出微小但明显的动作，儿童也会变得非常专注。儿童对此非常着迷，因为他们内心正在发展的是一种意识，自己必须完成这个任务——儿童开始对语言敏感起来了。如果你把一个四个月大的孩子抱到一个只动唇却不出声的人身边，他会兴趣浓厚地观察这个人的嘴。很明显，儿童观察人的唇形变化的兴趣，比观察其他事情的兴趣要大得多，因为对唇形的观察能够刺激并促进儿童的模仿能力，而这正和他们必要的内在发展相符。

让我们再来看看年龄稍大一点儿的儿童。一次很偶然的机会，我接触到几位日本爸爸，他们表现出了对孩子更深刻的理解。其中一位爸爸带着他两岁大的儿子散步，他的儿子突然一屁股坐在路面上。这位爸爸并没有冲着儿子大声喊"地上很脏，快起来"，相反，他耐心地等儿子自己爬起来，继续带着儿子走。这位爸爸收起长者的强势，给予孩子的行为极大的尊重，这正是教育家的做法。我还见过另一位日本爸爸，他把两腿张得开开的，让他的孩子在中间跑来跑去。这位可怜的爸爸坚持做这样的姿势，还要维持着威严的样子。我十分羡慕这些从传统教养方法中获得育儿经验或者掌握育儿智慧的人们，而我们似乎只是急着教导儿童成为这个社会中的成人。

我在米兰街头遇到过一位正牵着孩子过马路的妈妈，实际上，这位妈妈还曾经上过我们蒙台梭利学校的课程。当时，空气中回荡着悦耳的钟声，孩子想停下来听完钟响再走，可是妈妈拒绝了，她没有考虑到孩子听到钟声时的喜悦心情，责怪孩子并催着他赶快走。要说服成人对儿童采用被动的态度确实不容易，但这是绝对必要的。每个成人都要了解儿童的需要，同时克制自己想要成为儿童生命塑造者的虚荣心。同样，绝对必要的是，认识到每一个独特个体内在生命的自我教育。

我们目前似乎只注意到儿童对新鲜空气和阳光的需要，这两样东西的确不可或缺，但只对身体有益。即使明亮的阳光洒满了儿童的全身，也许他们的内心连一丝光线也没有。成人盲目无知地用自己的力量摧毁着儿童特有的缓慢、脆弱但非常重要的内在建构工作。

成人一定要对儿童的需要保持高度的敏感，要能够敏锐地观察到儿童的需要，只有这样，成人才能及时给予儿童需要的所有帮助。

如果我们要建立基本的育儿原则，那么首先一条就是必须让儿童参与我们的生活。因为儿童在发展各种能力的过程中必须学习模仿成人的很多行为，如果儿童自己没有观察到成人是如何做的，就学不好，正如失聪的人几乎没有办法学好语言一样。虽然要求成人将殷勤、亲切的好客之道扩展至儿童身上很困难——也就是说，允许儿童参与我们的生活十分困难，但这不花费一毛钱，它完全取决于成人情绪上的准备。一个不模仿成人行为的儿童，不会开口问问题，这样的儿童简直就像只有灵魂存在着。然而因为偏见的关系，成人应该长时间陪在儿童身边的原则不太为人们所接受。此外，许多人也支持这种偏见，认为儿童和植物人一样，需要很多睡眠。为什么要强迫儿童睡觉呢？如果我们让儿童醒着待在我们身边，一直到他们想睡了才去睡，我们会发现儿童其实不需要睡那么长时间。

坚持让儿童早早上床睡觉的偏见在北欧地区非常盛行，虽然这种偏见毫无根据，但我们却毫无异议地接受它。有一次，一个孩子走到我面前，对我说，他很想看一样经常听人谈起的非常漂亮的东西——星星。这个孩子从来没有看过星星，因为他很早就得上床睡觉。我们很容易就了解到，这个被规定要早早睡觉的孩子一定觉得自己的内在建构极其累人，因为他被迫和成人进行拉锯战，成人摧毁了他的建构过程，坚持要他早早上床睡觉。

《圣经》教导人们要学习宽容，即"不要熄灭冒烟的蜡烛。"换句话说，就是："不要多此一举地去熄灭已经自己熄灭的蜡烛。"我们可以借用这条宽容的原则，将其应用到教育上："不要毁去儿童在自己内在生命里设计的软蜡。"这对那些教导正处于自我建构过程中的儿童的成人而言，是最重大的责任。

对成人而言，基本的教育观念是，我们绝对不能成为儿童发展过程中的阻碍。明白我们必须做什么，既不是很简单，也不是很困难。最困难的是要懂得：为了更好地教育儿童，我们必须避免、去除那些无效的假设和无益的偏见。

Part 6

蒙台梭利方法概述

心理学家一致同意，教学方法只有一个，那就是使学生保持高度的兴趣和强烈、持续的注意力。那么，教育所要求的就只有一项：利用儿童的内在力量让他们实现自我学习。

显而易见，在以往的教育形式和当代某些为人熟知的教育形式里，儿童并没有被视为真正的"人"。在生命最初的几年中，儿童往往被迫去适应成人的社会。这些教育形式完全背离了儿童的天性，把儿童看作"未来时"而非"正在进行时"。因此，在成为成人之前，儿童通常不会真正地受到重视。

　　然而，和其他人一样，儿童本身也有自己独特的人格。儿童美妙而应该受到尊重的创造力，绝对不能被抹杀；儿童纯真敏感的心灵，更需要我们小心翼翼地呵护。我们不能只想着要保护儿童娇小柔弱的身体，不能只记得要喂儿童吃东西、要帮儿童洗澡和穿衣服。没有人可以光靠面包活下去，这句话用在童年生活上是再正确不过的了。物质在此阶段并不是最重要的，而且，物质可能导致任何年龄阶段的人堕落。受物质奴役的儿童和成人，都会深感自卑，尊严尽失。

成人营造的社会环境并不适合儿童，儿童一向都被隔离在外，因此他们并不了解成人的社会。儿童在不知道该如何适应这个把他们摒弃在外的社会环境的时候，被送到学校里学习，可是学校最后往往变成儿童的"监牢"。如今，我们清楚地理解了，使用过时教学方法的学校会对儿童的成长造成严重影响：儿童不仅身体上受到折磨，道德上也在受苦。我们由此总结出教育上存在的基本问题：时至今日，儿童性格方面的教育仍遭到忽视。

从其他方面来看，甚至在家庭当中，我们也发现在教育原则上存在着同样的错误：人们只考虑儿童的将来，没有人关心儿童的现在。而现在儿童要存活下来所需要的东西是如此之多。现代的家庭往往更关注儿童生理上的需求，用来评估儿童发展进程的标准，也只关注儿童的饮食是否合理、身体干不干净、穿得暖不暖和、玩的地方空气是否清新，等等。

然而，在儿童健全发展的一切所需里，最常被人忽视的，就是能够定义儿童人性特质的东西——儿童精神上的需要。儿童内心的"人"始终隐而不见，他们在我们面前表露出来的，只有出于自我保护而作出的负面行为反应，例如哭泣、尖叫、无礼、羞怯、不听话、说谎和破坏性行为等。如果我们将儿童这些自我保护的方式当作他们性格中的关键要素的话，那我们就犯了一个非常严重的错误。一旦我们犯下这个错误，接着我们就会认定，我们有责任用严厉的方法，甚至有时候可以通过体罚，来改掉儿童的坏毛病。然而，儿童的这些负面行为反应，往往是由于道德上的失调，或者有时候是精神上的混乱，这两种情况造成的后果都可能影响孩子的一生。

我们都知道，童年是人一生中最重要的发展阶段，道德的贫乏或精神上的疾病，都会对人造成致命的影响，其严重性堪比身体上的挨饿受冻。由此可知，幼儿教育着实是人类教育中最关键的一环。

正因为如此，我们一定要更加小心谨慎地全面了解可能泯灭儿童精神的原因，并且融入儿童的世界，与儿童保持和谐融洽的关系。迄今为止，我们还总是毫不留情地批评儿童，并习以为常。因为在成人丰富的人生阅历和成形的"优秀品质"面前，儿童似乎永远有犯不完的错。但是现在，我们必须尝试着扮演一个比以往谦逊很多的角色。如果我们认真考虑儿童教育的必要性和迫切性，我们就能为人类的福祉作出更大的贡献。

没有一个儿童能在复杂的成人世界里过平常的生活。

实际上，众所周知，成人对儿童持续的监督、未曾间断的警告以及独断的控制，严重地干扰和阻碍了儿童的发展。在这种情形之下，儿童在其生命萌芽过程中展露出来的生命力被压制得奄奄一息，儿童的心里只剩下一个强烈的愿望：赶快从每一件事、每一个人那里挣脱出来，获得自由。

因此，我们不能继续在儿童生活中扮演看守员的角色，我们要做的是给儿童准备一个尽可能不受成人监督、不会被成人的命令压得喘不过气来的环境。不过，这个环境越是符合儿童的需要，我们作为教师的角色就越得加以限制。可是无论如何，我们必须将一条基本原则谨记于心，即给儿童自由。这并不表示一点儿都不管他们，或是完全忽视他们，对他们不闻不问。儿童将会遇到困难，我们应给予他们帮助，而不应只是被动地冷淡关怀。相反，我们对儿童的关心照料应该是审慎的，是温柔亲切的，以此来支持和鼓励儿童的发展。此外，帮儿童创造一个适合他们成长的环境，也是一项非常严肃的工作，因为从某种意义上说，我们必须创造的是一个新世界——一个童年世界。

如果我们在房间里为儿童摆上适合他们使用的家具，我们很快就能够发现，儿童会用我们意想不到的方式开始自己的活动。儿童做的每一件事都合乎我们的期望，他们非常和谐地相处在一起，也没有危险和意外发生，因为他们知道自己想要什么。对儿童来说，想要活动的意愿远比想要吃东西的意愿强烈得多，我们之所以很少看到这样的情况，是因为在目前这种强制型的环境中，儿童缺乏活动的动力。如果我们能给儿童提供一个适当的环境，我们会发现原本一个个嘟着嘴的"小麻烦"，一下子都变成了活泼快乐的精灵。一向有"房子破坏狂"之称的儿童，变成非常小心爱护身边物品的守护者；原来吵闹乱跑的小家伙，全都变成安静又守秩序的好孩子。因为如果缺少适合儿童活动的外在环境，儿童旺盛的精力就无处消耗。此外，儿童的本能也驱使他们去做那些消耗自己体力的活动，因为他们能够借此完善自己的天赋才能。儿童所有的发展都取决于这些活动。

如今，我们对那些专门为促进儿童智力发展所设计的学习材料都很熟悉。市面上可以找到一些设计优美、做工精良、色彩鲜明的小家具。这些小家具很轻巧，儿童能够轻易地移动，如果不小心撞到这些家具，它们会跟着应声倒下，所以儿童也不容易受伤。此外，因为小家具的颜色非常淡雅，一旦脏了，有污点了，儿童很容易就能够发现。他们很快就能明确自己的责任——把它洗干净，儿童也因此顺便学会使用清洁剂和水进行清洁工作。儿童总是喜欢找一个他们喜爱的地方，用自我感觉舒服的方式怡然自得地待在那儿。尽管这些小家具很轻，但移动它们或碰撞它们发出的声音常常使这些突然的动作变得夸张、突兀。这种情况造成的结果是儿童逐渐有意识地比较注意自己的肢体动作。我们也可以用一些玻璃制品或陶瓷制品教导儿童，儿童学习到这些东西一旦掉到地上摔碎了，就再也无法复原了；而失去心爱的东西所带来的悲伤，其实已经是给儿童的严厉的惩罚了。

儿童失去心爱的东西会非常难过。谁忍心看着一个儿童在碎花瓶前涨红着脸、哭得稀里哗啦而不去安慰他？但是，此后儿童再有机会拿任何其他易碎物品的时候，就会尽力小心谨慎。

给儿童布置有吸引力的环境

如果儿童犯的每一个小错误都十分明显地呈现在他们自己面前，家长和老师就不需要干预，只要在一旁充当一个安静的观察者，因为环境本身就会教导儿童。渐渐地，儿童会觉得他们好像听见这些东西在跟他们说话，告诉他们动作要小心："嗨！我是刚刚上好漆的茶几。小心哦，不要把我剐伤，也别把我弄脏了！"环境本身和物品的美感也能够唤起活泼好动儿童的注意。因此，儿童用的每一样东西最好都能非常吸引他们。抹布最好是多种颜色的，刷子用颜色鲜艳的，肥皂也应该有很多有趣的形状。这些东西本身具有吸引儿童的魔力，儿童会很想去触摸，自然也就会去学习它们的使用方法。儿童会对色彩鲜艳的抹布着迷，然后知道抹布是用来擦桌子的。同样的道理，儿童也学到刷子是刷衣物用的，洗手的时候一定要用肥皂。如此一来，每个角落都有漂亮的东西吸引他们，教他们如何使用。老师就不必再整天盯着儿童，"卡尔，把你的衣服刷一刷"，或"约翰，把手洗一洗"。一个能够自己系鞋带、自己穿衣服、自己换衣服的儿童是自立的儿童，他的喜悦和成就感反映出了人性的尊严，而这是从独立自主得来的。

儿童的工作

儿童在工作过程中获得无限的快乐，这让他们在做每一件事情的时候都热情洋溢。儿童会花上很长时间去擦门把手，会把门把手擦得像镜子一样亮；即使是做像打扫这样简单的工作，儿童也一样会极其专心致志且小心翼翼。显然，鼓舞儿童的并非指定工作的完成，而是在工作过程中能够运用自己的潜能。儿童活动的持续时间完全取决于他们的潜能如何得到发挥。

儿童并不喜欢仅仅简单地重复同一件事情，但是熟能生巧，他们在重复的过程中提升了自己的能力。我们曾经看到过一群非常小的儿童，他们会自己穿衣服、会脱衣服，会自己扣扣子，会自己系鞋带、打蝴蝶结，他们还会把碗筷摆得整整齐齐，甚至会帮忙洗碗盘、洗玻璃杯。儿童精力旺盛，这样不仅让他们学会做很多的事情，而且会令他们去帮助其他还不太知道怎么做的儿童。我就看到过一个孩子帮另一个年龄较小的孩子穿工作服，还帮他系鞋带。一个小孩子不小心把汤洒在地上了，另一个大孩子立刻帮忙把地板擦干净。

儿童洗碗盘的时候，不光洗他自己的碗盘，还会把其他的脏碗盘一起洗干净；当儿童帮忙摆碗筷的时候，他们会把其他人的碗筷也摆好。而且，儿童并不觉得他们帮其他人做事，就应该得到奖励。对一个热心、有志向的儿童而言，帮助别人做事本身就是一种奖励。有一天，我看见一个小女孩难过地坐在摆了热汤的餐桌前，一句话也不说。

原来是因为有人答应要让她帮忙摆碗筷的，可是忘记了。小女孩失望得连汤也喝不下，比起饿肚子，忘记让她帮忙摆碗筷这件事更令她难过。

这样一来，儿童外在的社会行为也得以发展，他们十分清楚自己最终想要实现的目标，并能轻松地实现。让儿童处在一个能够自己动手做事情的环境里，我们就给了儿童达成自己设定目标的自由。

诚然，真正的兴趣需要很深厚的基础，儿童以自己的方式做事，目的在于满足活动的驱动力和发展的需求。然而，为了满足他们活动的驱动力，必先有一个简单、明确的目标。有时候，儿童会洗手洗好多次，不是因为他们的手真的很脏，而是因为他们手边有很多可以做的工作，而这些工作可能与洗手相关，例如提水、倒水、抹肥皂和用毛巾擦手。扫地、给花瓶换上新鲜的水、把小桌子整齐地放回原位、整理床铺、摆放晚餐餐具——这些都是可以锻炼儿童身体的合理的活动。任何一个不得不做家务，经历过与之相关的一系列烦琐疲累工作的人一定知道，看似简单的家务，其实得花很多力气才能完成。尤其是今天，人们大谈体操和身体运动的重要性，然而有一些活动，例如做家务，并不是一般意义上的机械活动，人们做它的原因却清晰明确。

尽管儿童在进行这些日常生活练习活动的时候那么惬意、那么小心翼翼，尽管所有来参观"儿童之家"的人都非常惊讶，但是，这些活动还不能代表最重要的事。这些日常生活练习活动只是一个开始，是儿童最不重要的活动。

沉思和专心

思想家和科学家给人的印象是，常常专注于沉思，以至脱离现实世界。大家都知道那些轶事：牛顿思考到忘记吃饭；古希腊数学家阿基米德因为沉迷于钻研几何，两耳不闻战争的喧嚣，甚至连叙拉古城被罗马人占领都未受干扰，直到敌人来到面前，他才被吓了一跳。这些趣闻轶事凸显出一个在人类特质中比沉思还要重要的特质——专注。促进人类进步的各项伟大发明的出现，除科学家丰富的知识和文化内涵以外，更有赖于他们投入在工作上的那种非凡的专注力。

如果儿童发现自己正在进行的活动正好符合他们的内在需求，儿童会向我们展示他们更多的发展所需。一般来说，儿童会试着尽量和周围的人一样，做相同的事情，与他们和睦相处。

不过，儿童也有个性化的内在需求，当儿童埋首于自己的工作时，一定是和周遭的一切人与事完全隔离开来的。这种状态类似于"与世隔绝"，而身处其中的人将会发现他们拥有一个如此神奇、丰富又完整的秘密世界。没有人可以帮我们实现这种状态。如果有人干扰，这种状态就会被破坏。我们由外部世界获得解放后所达到的思想水平，必须依赖内在精神的给养，周围的环境没有办法影响到我们，只得让我们安心独处。

许多杰出的人物都展现出获得这种沉思的能力，而这正是他们内在精神力量的来源。有些伟人通过思想的力量，以安静的深思熟虑和无比的慈爱之心，得到了影响民众的能力。还有一些人长时间离群索居，忽然觉得自己有义务来帮助人类解决所面临的重大问题。这些人帮助那些深陷于仇恨中的同胞，并以无比的耐心包容他们的缺点和毛病。此外我们也发现，体力劳动和精神的专注之间有着十分紧密的关系。乍看之下，这两者好像是对立的，但实际上二者关系紧密，相辅相成，因为其中一个源于另一个。内在精神为人们的日常生活准备能量，反过来，日常生活也以一般性的劳动促进大脑思考，而体力的消耗会不断地经由精神的支持而得到补充。一个充分了解自己的人，会对他的内在精神的需要作出正确的反应，就像他对吃饭、睡觉等生理需求作出反应一样。忽视了精神需求，就像一个对饥饿、困倦毫无反应的身体一样危险。

呵护儿童的专注力

我们在所有儿童身上都发现了这种思考能力，这种发自内心的专注能力。因此，很显然，专注力这种品质并非超凡脱俗或天赋异禀的人所独有的特质，而是一种普遍的人类特质，是只有少部分人在长大之后还能够保留的一种特质。

如果我们重视儿童令人刮目相看的专注力，就应拓展至其他不同领域，而不能只讨论我们认为有用的工作。有的东西虽然看起来一点儿用处也没有，可是儿童马上就会被它吸引住。儿童会马上投入工作，用他们能够想到的各种方法来操作。通常，儿童操作的方式可能不是那么有条理，他们往往会把前一刻刚刚做好的东西弄乱，然后重新开始。儿童会一次又一次地重复同样的玩法，虽然我们看儿童好像玩得不是特别起劲，但实际上我们正在见证一个极为奇特的现象。

当我第一次发现儿童性格中这一面的时候，我惊呆了，我问我自己：呈现在我面前的这个奇特的事实是真的吗？这个全新的、令人不可思议的奥秘真的存在了吗？因为人们一直相信——连我自己也这么认为——儿童没有办法长时间地专注在一件事情上面。但是，在我面前的一个四岁小女孩，非常专心地试着把一个个不同大小的圆柱体放进嵌孔里。她小心谨慎地把一个一个的圆柱体放进去，等到全部的圆柱体都放进嵌孔里以后，小女孩把所有的圆柱体全倒出来，然后再把这些圆柱体一个一个地放进去，如此周而复始，好像永不厌倦似的一再重复。这个时候，我在给其他孩子讲故事。当小女孩重复玩了至少十四遍之后，我开始弹钢琴，并邀请其他孩子一起来唱歌。可是小女孩一动不动地继续玩她的圆柱体，甚至都没有抬头看一眼，完全没有察觉到周围发生的一切。突然，小女孩停下手里的工作，从地上站了起来，她的眼睛闪闪发亮，脸上洋溢着纯真的笑容，很满足的样子。小女孩看起来高兴、平和且面带微笑，就像一个早晨醒来看到和煦阳光的孩子。

　　从那次之后，我观察到好几次相同的行为。当儿童完成了一项非常有趣的工作以后，他们总是很平静而且十分愉快。这就像在儿童灵魂的深处开通了一条大道似的，这条大道通向儿童所有的潜能，把儿童美好的一面展现出来。儿童对每个人都十分友善，满怀善意地时刻准备着去帮助别人。然后，就会有类似这样的事情发生——一个儿童会悄悄地走到教师身边，好像要告诉教师一个天大的秘密似的，在教师耳边轻声说："我是一个好孩子哦！"

儿童的拯救——专注工作

这个观察早已受到很多学者的正面肯定，学者们一致认为它很有价值，但是对我来说却有特别的帮助。因为我把在儿童身上所发生的一切当成法则来看，由此才能够完全解决教育的问题。我清楚地了解到，秩序的概念和性格的发展，不管是智能的发展还是情绪情感方面的发展，都必来自这个尚不为人所知的源头。所以，我开始着手找一些能让儿童专心的试验物品，然后又用心布置一个能够帮助儿童专注的最佳外部环境。这就是蒙台梭利教学法的开始。

的确，所有的教育方法都秉持同一个教育方针：学会察觉学生珍贵的专注时刻，以便应用于读书、写字、讲故事，随后进一步应用于语法、算术、外语等科目。此外，心理学家一致同意，教学方法只有一个，那就是必须使学生保持高度的兴趣和强烈、持续的注意力。那么，教育所要求的就只有一项：利用儿童的内在力量让他们实现自我学习。这可能做得到吗？答案不仅是"可能"，而且是"必须"的。为了培养儿童的专注力，我们必须渐渐地激发他们的注意力。一开始的时候，最好选择能吸引孩子的东西，因为它们容易识别且非常有趣，例如，各类大小不同、颜色各异（按照光谱排列）的圆柱体，发出明显不同声音的乐器或教具、用触觉可以分辨粗糙程度的物体。随后，我们再教儿童字母、书写、阅读、语法、设计、较为复杂的数学运算、历史等。儿童的知识系统就是这样建构起来的。

因此，新手教师的工作就很微妙，需要相当的技巧，而且面临诸多困难。儿童是否能够找到自我学习和自我完善的方法，或在发展过程中遇到阻碍，都取决于教师。对于一个刚上岗的教师而言，最难让他理解的是，明明儿童在学习过程中十分需要教师的指导，可是他却必须克制自己不去指导儿童。教师一定要清楚，绝对不能去影响儿童的自我建构和自我控制，教师要对儿童的潜力有绝对的信心。当然，教师往往会不由自主地一再给儿童提出建议，去纠正儿童的错误或鼓励儿童，这些行为无不显示出教师丰富的经验、阅历和较高的文化素养。但是，最终教师还是需要克制住自己的虚荣心，否则将无法达到教育的目的。

不过，对于刚刚入职、不得要领的教师来讲，必须更加勤勉。他们必须有计划地为儿童准备一个适当的环境，准备一些具有明确目标的教具，并且小心地引导儿童进行日常生活的实际工作。我们期望教师能够分辨得出来，哪个儿童做得完全正确，哪一个儿童做错了。此外，教师必须冷静沉着，随时守候在儿童身边，并在他们需要的时候给予必要的指导，让儿童感受到来自教师的爱、关心和无比的信心。总是守候在儿童身边，这才是重点。

身为人师必须为全人类的福祉作贡献。教师要像献身给炉火的女神维斯塔①那样，保护别人点燃的圣火，不让它受到半点污染；教师必须将自己献身给儿童纯洁的内在心灵火花。如果儿童的心灵火花被忽略了，很可能就会熄灭，而且永远没有办法再点燃。

---

① 维斯塔：罗马神话中的灶神、宙斯的姐妹，执掌灶火，是家庭的象征。她为了守护圣火而拒绝了追求者，将一生奉献给神殿。——译者注

Part 7

儿童的人格特质

一个精神不协调的儿童没有办法专心思考，因此也就不能控制自己的行为，这样的儿童可能不冒着"跌倒"的危险而去顺应别人的指示吗？如果儿童都不能按照自己的意愿做事，他们又怎么能听从其他人的指示呢？服从是一种精神上的聪慧，而这种精神上的聪慧是以内在心灵平静为先决条件的。

我选择"儿童的人格特质"作为本章的题目绝非偶然。这里所谓的"人格特质"不仅是指道德品质，而且是从广义上强调儿童人格形成的复合性和复杂性，即儿童的人格既包括智能上和体貌上的特性，也包括二者相结合的表现，这种表现是无法仅从心理学角度加以分析的。首先，我想要在本章中探讨一些不曾被仔细研究过、甚或根本不受重视的儿童活动。

我们可以用曲线图①表明儿童对特定任务的执行情况。

---

① 我们十分清楚，对精神强度，即专注力进行测量是不可能的。而且，在人们集中注意力做某件事情的时候让他们停下来，然后对单个人或几个从事不同职业的人的专注力进行测量也是不可能的。无论你用什么方法，都不可能用曲线对固定值进行复制。更准确地说，通常情况下，曲线代表的是有序和无序之间的浮动和工作的强度。在这里必须指出，我们对"强度"的测量也是主观的，因为我们在测量的时候完全依靠内在"强度"的外在表现。因此，这些曲线图和自然科学中建构的图表不一样，也有别于精确测量得出的结果。可以说，我们的曲线图不是真正的范式，只是帮助我们理解全部观点的流程图。

在纸上画一条水平线，表示儿童正处于休息状态；线以上，表示有序的活动；再画一条平行线，平行线以下，代表随意乱玩，无序的活动；而两条线之间的距离，代表活动的秩序性；线的方向则表示时间的长短。用这种方式，我们可以呈现任何活动的持续时间和秩序性；而持续时间和秩序性的数据就形成了代表儿童活动的曲线。

我们用曲线图将一个孩子在儿童之家的活动表示出来。孩子进入教室后，通常先安静一会儿，接着才开始找事情做。所以曲线是先往上，画到代表有序的活动部分。然后孩子玩累了，活动开始变得有点混乱。这时候曲线向下，穿过平行线，下降到无序的活动部分。然后，孩子开始做另一项新工作。举例来说，如果孩子在开始的时候先拿起蜡笔，认真地画了一段时间，但是一会儿又开始打扰坐在旁边的孩子，这时候的曲线，就必须再一次画到平行线下方。再接下来孩子捉弄自己的小伙伴，这时候的曲线继续停留在活动没有秩序的部分。孩子觉得累了、烦了，随手拿起几个铃铛放在天平上，觉得挺有趣的，渐渐专心地工作了起来，孩子的活动曲线再一次往上攀升到有活动秩序的地方。然而，等到孩子结束这项工作，又不晓得接下来要做什么的时候，孩子会烦躁地走到教师旁边。

儿童的活动曲线当然显示不出儿童是怎么样做每一项工作的，这个问题我会在稍后的章节里再讨论。大多数没有办法专心的儿童，都属于上述典型的活动曲线。这些儿童无法把注意力集中在一件事情上，他们通常漫无目的地从一个活动换到另一个活动，原本准备在半年的时间里用到的教具，他们几个小时以内就尝试遍了。儿童这种毫无章法的行为是很常见的事。过了一段时间——也许几天、几个星期或几个月——我们给这个儿童重新做一张新的活动曲线图，我们发现他已经获得了专注的能力。

还有一张活动曲线图很好地展现了儿童的另一种工作状态。从图上我们能够看出，儿童的活动不是非常混乱，但是也并非特别有秩序、有纪律，儿童的活动曲线居于有序和无序之间。这类型的儿童一进班，倾向于先做比较容易的工作，也许是日常生活练习；之后，他们也许会从教具里找出一些他们早已经熟悉的材料，重复练习那些他们已经学会的东西。不一会儿，儿童看起来有点儿疲倦，不知道该做什么好，他们的活动曲线下滑到代表休息状态的区域。这种模式，不但可以在一个儿童那里得以印证，甚至可以在全班的儿童身上都得到印证。在这种情况下，一个缺少实践经验的教师会怎么处理呢？她也许会这么想：

孩子入班后做了大量日常生活练习，又花了很多时间操作教具，所以他们一定是累了；既然他们是因为自己工作疲劳了才没有办法专心，那么错就不在教师身上。

一个容易心软且对当下盛行的心理学理论稍有研究的教师会理所当然地认为，儿童做了那么多事，一定是累了。因此，这个教师会打断儿童的活动。为了让儿童透透气，教师大概会带儿童到操场上玩。儿童在操场上拼命地冲来跑去，等教师把儿童再带回教室以后，儿童会比到操场玩之前更好动，更没有办法专心。儿童会继续从一个活动换到另一个活动，假性疲劳现象也会一直存在下去。

很多教师对上述情况经常会作出错误的判断，认为儿童会满意于自己挑选的工作的观点是不正确的。因为，很明显，儿童在选择工作的时候很随意，玩了一会儿之后，他们就开始烦躁起来。教师声称他们用尽了各种办法——让儿童休息或换一个地方玩，可是没有一种方法奏效，儿童不但无法继续做原来的工作，也没有安静下来。

这些教师非常用功地研习教学方法，但是他们对儿童缺乏必要的信任，也没有尊重儿童的自主权。当然，这些教师确实尽了全力，他们非常留意以前别人给他们提出的每一项教学建议和教学计划。只是这些教师总是干预和指导儿童，结果反而干扰了儿童的自然发展，破坏了儿童原本能从中得到的启迪。

相反，如果教师尊重儿童的自由，信任儿童；如果教师能把自己的所学暂放一边；如果教师能谦虚地不把他们的指导当成必要的；如果教师懂得耐心等待，他们一定会看见儿童的转变。直到儿童找到自己心智深处尚未被发现的潜能时，儿童焦躁不安的心情才能得以平复。

然而，如果儿童重新选了一个比之前那个工作还难的工作，儿童不安的心情就不可能平静。一项新的工作必须能够吸引儿童全部的注意力，儿童必须专心到把自己整个投入工作中，与此同时，儿童还必须完全不受周围环境影响。这就是我们所称的"重大工作"。

当儿童完成他们的重大工作之后，他们理所当然会丢下用来专心的工具。但是，这时候儿童脸上的表情和他们"假累状态"时的表情完全不同。如果儿童之前看起来很累，现在他们的眼睛可是闪闪发亮的，整个人看起来很平静。儿童似乎被一股神奇的力量感染着，浑身充满着能量，朝气蓬勃。这就是工作的循环。工作的循环包含两个部分：第一部分是单纯的准备工作，这部分工作引导孩子接触工作，并且为他们进入第二部分工作奠定基础；第二部分就是真正的重大工作。

儿童完成工作之后，会显得很平静。事实上，可以说儿童只有在这个时候才是真正的平静。儿童安静从容的样子和内心的宁静，清楚地告诉我们他们已经找到了新的真理。儿童这时候一点儿也不累，反而充满了活力。儿童的反应就像刚刚享用了一道美食，或刚刚舒服地洗了一个热水澡一样。吃饭和洗澡绝对是两样耗费精力的工作，但是它们不但不会让我们觉得累，反而会帮助我们重新变得精力充沛。同样，工作的精神赋予人的精神以力量。因为儿童能够从工作中获得休息，所以我们必须尽可能地让儿童有接触重大工作的机会。

我们应该来思考一下"休息"的真正含义。对我们来说，休息并不表示完全怠惰不动。当我们静止不动的时候，我们全身的肌肉比较容易僵硬；当我们放轻松时，我们的身体才得以歇息。如此一来，我们发现专注的脑力劳动所带来的平静会给人以无穷的精神力量。

生命是神奇的。如果一位教师说："我让孩子做这样或那样的工作，他们才会有活力。"可能这位教师永远无法得到大家的尊敬，然而，让儿童做各种不同的工作的确是了解儿童的唯一方法。只有倾听儿童生命的声音，我们才能帮儿童选择他们真正需要的工作。因此，教师尊重儿童神奇的生长过程，也知道满怀信心地等待下去，就足够了。

以这种方式获得平静的儿童是快乐的，对别人也很友好，儿童甚至可能信心十足地想和教师聊天。儿童的心灵之窗好像被打开了，儿童想找教师说说话，因为现在的儿童看到了教师的聪明优秀。儿童似乎通过用心审视自己周围熟悉的环境，重新发现了以前自己视若无睹的事物。毫无疑问，儿童的感觉变得更加敏锐，生活也丰富了起来，对团体活动也更加感兴趣。面对这么多生活上的新发现，儿童必须储存足够的精力。一个精神上萎靡不振、道德上有所缺失的儿童对教师的教学不会有什么反应，这样的儿童既没有自信也不守规矩，就算真的能教这儿童些什么，也会让人筋疲力尽。

以上所说的这些教学理念，听起来似乎与众不同，有点儿奇怪。然而无论如何，我们都得承认一个事实，那就是我们以往对待儿童的方式实在很糟糕。要求儿童信服或是服从某个人，都不是儿童内在发展所需的外在表现，但是我们一味要求儿童遵从这些外在行为，却不给儿童机会去发展他们的内在潜能，让儿童成为自己的主人。我们真正应该做的，是引领儿童找到那条通往他们内心世界的道路，而不是一再阻碍他们的发展。

儿童越能够专心，就越能从工作中获得平静，也越能发自内心地遵守纪律。在教学方式上达到上述境界的教师，逐渐会形成一套特殊的表达方式。例如，一位教师可能问另一位教师："你们班上怎么样了？孩子都准备好了吗？"教师可能回答："还没呢！"或者另一位教师可能说："嘿！你记不记得从前那个无法无天、不遵守纪律的小男孩？他现在变得很自律了呢。"用这种方式沟通的教师，对儿童接下来的发展，通常早已心里有数，接下来的就是任其自然发展了。

一件简单的事就能让儿童变得遵守纪律，而一个能够自律的儿童，便会很自然地步入心理发展的正轨。自律的儿童会变得习惯于工作，若无事可做就不知如何是好，甚至在等人的时间都闲不下来，这些儿童对工作极其投入，整个人都充满活力。

儿童自律的品质发展得越好，他们"假累"的时间就会越短，工作结束后所达到的平静状态持续的时间就会更长，这也给儿童吸收沉淀刚刚结束的工作中的经验提供了更多的时间。这个平静时刻具有特殊的意义，可以称之为一种积极的宁静或活跃的宁静，在此期间，儿童内心正在进行的心理活动好像与外部世界毫无关系。儿童的内心宁静而平和，他们仔细地观察发生在自己周围的事情，在脑子里思考、整理一些细节，然后会有一些新发现。

专注包括三个不同的阶段：准备阶段，涉及一些具体物品的重大工作开展阶段，以及第三阶段——能够帮助儿童获得满足感和清晰的思维能力的内部活动。当儿童的内在疑惑有了答案时，儿童的外在表现会有所改变，因为儿童突然领悟到他们从来没有发现的事情。除此之外，还会出现另一种现象：儿童会变得非常听话，而且有耐心得几乎令人难以置信，因为在这之前并没有人真的教儿童要听话或要有耐心。

一个平衡感不好的儿童，可能会因为害怕跌倒而不敢走路，也不敢挥动他的手臂，只是没有把握地尝试着迈步子。然而，如果他能学会如何保持平衡，这个儿童不但会跑会跳，还能左右转弯呢！儿童心理生命的发展也是同样的道理。一个精神不协调的儿童没有办法专心思考，因此也就不能控制自己的行为，这样的儿童可能不冒着"跌倒"的危险而去顺应别人的指示吗？如果儿童都不能照着自己的意愿做事，他们又怎么能听从其他人的指示呢？服从是一种精神上的聪慧，而这种聪慧是以内在心灵平静为先决条件的。服从是力量的表现，能够解释"服从"的最好代名词是适应。生物学家一致认为，一个人想适应特定环境，需要付出极大的努力。而他们所指的环境适应力量是什么呢？环境适应力量是一种让人能够顺应自然法则，学习如何融入周围环境的方法的重要力量。在这个适应力量被付诸实践并引发一定的行为之前，这股力量必须早已存在，因为这股力量并不是你需要用时就可以有的，它需要我们事先准备好。我想园艺家最了解揠苗助长的结果了。

正因如此，儿童必须足够强大，必须发展健全，还必须在精神上达到平静协调的程度，才有能力服从别人。在自然界中，只有强健者才能够适应环境。同样的道理，只有精神力量强大的人，才懂得顺应服从。

我们必须尽可能依据儿童发展的自然规律让他们具有发展的可能性，促进他们的发展，这样儿童才能茁壮成长，而一个发展健全、强大的儿童，日后的成就远比我们所期许的还要大。儿童的精神（专注力）能平和、自由地运作到什么程度，就代表他们能发展到什么程度。接下来的一切行为也就成了理所当然的结果——儿童能够控制自己的身体，行动自如，并学会小心谨慎。我们可以从儿童能够完全安静下来的行为里看出，儿童已经能够专心。儿童的专心程度往往比成人还要高。然而，我们绝对不能忘记儿童是如何获得这一发展的，也不能忘记环境在儿童发展的过程中所扮演的角色。

我必须重申的是，我并非一开始就提出这些原则，然后依照这些原则构建我的教学方法；事实正好相反，通过观察自主权受到尊重的儿童，我才了解，一些内在的法则其实具有普遍的价值。这些儿童以他们的本能直觉，找到了获得力量的路。

Part 8

儿童的环境

在一个真正属于儿童的地方，儿童会尽量好好表现，注意自己的举止，控制自己的行为。在这种情况下，儿童不需要外在激励就能够不断地自我完善。我们能从儿童的脸上看到喜悦和骄傲，偶尔还会看到一种无法形容的得体礼仪，这些都说明儿童天生就能够改进自己的行为，而且他们喜欢如此。

环境对生物的重大影响，早已经生物科学证实，进化论中的唯物主义理论，更指出环境对物种繁衍和生物形态有着显著的影响，有可能改变生物体或者使其变异。虽然唯物主义理论受到诸多质疑，但是，该理论领域的一系列研究，充分地证明了了解动植物生命发展环境的重要性。虽然我们不可能对所有不同的理论进行讨论，然而这个结论已经由法国昆虫学家法布尔的研究印证。法布尔借着研究昆虫的实地生存环境，让人们对昆虫的生命成长有了新的认识。根据法布尔的研究工作，在生物研究方面可以确定的是，除非能在生物生存的自然环境下作观察研究，否则我们无法对其有透彻的了解。

当我们探讨人类和环境之间的关系时，我们发现，与其说是人去适应环境，倒不如说是人创造一个环境来适应自己。人们居住在一个社会环境里，在这个社会环境中，有一些特定的重要精神力量在运作，构成了人们社交生活的人际关系。假使一个人不能生活在一个可以适应的环境里，他不但无法正常地发展他的才能，更无法了解自己。新式教育理论的首要原则之一，正是呼吁人们重视对儿童社会本能的培养，并且鼓励儿童与同伴友好相处。

与此同时，我们又发现儿童根本找不到一个可以适应的环境，因为儿童生活在成人的世界里。这种生活环境的偏差，对现代儿童的人格发展有相当大的影响。举例来说，因为儿童周围的事物大小和他们的身材比例悬殊，所以儿童看不到自己和这些事物之间的联系，对这些事物没有办法产生认同感，当然也就无法达成自然的发展。

这种环境的失调对儿童影响很大，不仅是因为存在空间大小的差异，还因为在这样不协调的环境下，儿童无法灵活自如地活动。就像一个技术高超、动作熟练的杂耍者，如果发现我竟然想模仿他的动作，一定会觉得我不自量力，因为我根本无法模仿他高超的技术。假如我试着一步一步慢慢跟着他的动作做，他肯定会失去耐心。我们不是也用这样的态度对待我们的孩子吗？我想给妈妈们一条小建议：让你三四岁的孩子按照他们的喜好、他们的方式，自己梳洗，自己脱衣服，自己吃东西。

倘若我们必须在我们给儿童布置的环境里生活一天，

我相信那一定会是一段非常痛苦的经历。我们所有的精力，大概都会花在替自己的行为辩护上，然后整天说着同样的话："不，不要管我，我不要"，最后还可能因为实在找不出其他维护自我的办法而伤心地哭泣。然而，还是有很多妈妈跟我抱怨："我的孩子真是难缠，早上他就是不起床，哄他午睡，他连眯一下都不肯，而且整天把'不要，不要'挂在嘴边。小孩子怎么可以一天到晚说不呢?!"

如果这些妈妈在家里准备一个适合孩子身材比例以便孩子释放精力，又能配合孩子心理发展的环境，孩子就能获得充分的自由；而这个做法更可以使我们向教育问题的解决方向迈进一大步——儿童将拥有属于他们自己的环境。

学校是专门为儿童设立的机构，因此学校里的桌椅和用具都应该依照儿童的身材和儿童的体力来制作，这样儿童才能像我们移动家具一样，轻松地移动、使用它们。

以下是一些环境创设的基本原则：家具必须轻巧，要让儿童能够方便移动，照片要张贴在儿童的视线高度，让儿童容易观看。这些原则适用于所有可能会出现在儿童四周的东西，从地毯到花瓶、盘子等物品。家里的每一样东西，都必须保证能够让儿童使用，日常家务事也要让儿童参与，像扫地、给地毯吸尘、自己梳洗和穿衣服等。在儿童周围的东西，应该坚固且能够吸引儿童，儿童之家的每个角落都应该是让孩子感到舒适的。一个美观的学校，才能让儿童乐于活动和工作，就和一个舒适优美的家居环境，有助于家庭和谐融洽的道理是一样的。我们可以肯定地说，环境的舒适优美和儿童的活动之间存在着必然的联系。在优美的环境中，儿童主动探索发现的意愿要比在粗陋的环境下强烈得多。

儿童能够凭借自己的直觉很好地识别环境的好坏。旧金山蒙台梭利学校的一个小女孩，有一天到公立学校里参观，她一进教室就发现桌椅布满了灰尘。她对那里的教师说："你知道为什么你的孩子都不打扫，宁愿让教室乱七八糟的吗？因为他们没有漂亮的抹布可以用。假如没有漂亮的抹布，我也不想打扫。"

儿童用的家具一定要可以清洗。并不只是因为这样比较合乎卫生标准，真正的理由在于，这些可以清洗的家具，可以给儿童提供清洗的工作机会。儿童会注意环境，学习把污点清理干净，久而久之，儿童就会养成保持卫生的好习惯，会非常负责任地把身边的东西刷洗干净。

很多人总是建议我给桌脚和椅脚套上塑料防滑垫，以减小移动时的噪声。我倒是觉得发出噪声比较好，因为这样我们才知道自己的动作是不是粗鲁。儿童一动起来，通常没什么秩序可言，他们也不懂得如何去控制自己的行为。这完全是因为儿童的大小肌肉还没有发展到控制自如的地步，他们也不知道如何节省力气，这一点和成人是不一样的。

在儿童之家，儿童的每一个粗鲁动作，都会被椅子和桌子发出的噪声揭发出来，儿童最后就会变得非常注意自己的身体动作。儿童之家里面也应该摆设一些易碎品，如玻璃的杯子、盘子、花瓶等。有些成人可能会说："为什么？这些玻璃制品一旦到了三四岁孩子的手上，一定会被打破！"有这种想法的人，似乎把几片玻璃看得比儿童还重要，难道值不了多少钱的东西会比儿童的身体训练还重要吗？

在一个真正属于儿童的地方，儿童会尽量好好表现，注意自己的举止，控制自己的行为。在这种情况下，儿童不需要外在激励就能够不断地自我完善。我们能从儿童的脸上看到喜悦和骄傲，偶尔还会看到一种无法形容的得体礼仪，这些都说明儿童天生就能够改进自己的行为，而且他们喜欢如此。说真的，对一个三岁儿童来说，人生道路上有些什么呢？唯有成长。儿童终将长大成人，成为一个有用的人，我们必须尽一切所能帮助儿童不断地自我完善。换句话说，我们必须给儿童机会练习他们必须学会做的事，因为成长源自大量的练习。儿童喜欢洗手，并不完全因为他们觉得洗手很好玩，而是因为洗手让他们觉得自己能够做成一件事。在生活中能够自己动手解决问题，是他们的力量之源。

在儿童成长过程中，在儿童尝试通过工作和自身具备的能力完善自己的时候，我们应该做些什么呢？成人往往费尽心思帮助儿童，却妨碍了他们的自然发展。举个例子，许多学校会把桌椅固定在地板上。没错，儿童的确十分活跃，充满活力，而且有时候笨手笨脚，但也不能因此认为如果不将桌椅固定好，儿童就会肆意破坏它们。虽然把桌椅固定，看起来是比较整齐，但是这样一来，儿童永远没办法学会让自己的行动有秩序。我们也许会给孩子准备一个铁碗或铁盘子，这样孩子把碗盘丢到地上也不会破，但是这么做反而会让儿童像着了魔似的，更想把碗盘往地上丢。因此，假如我们企图用"眼不见为净"的方法把问题隐藏起来，那么，儿童就不应该为他们不适当的行为举止负责。成人那些掩耳盗铃式的"企图"除了会导致这个儿童继续犯错，也必将成为阻碍他们自然发展的绊脚石。一个想要自己动手做事的儿童，乐于合作并且充满活力。

通常情况下，当我们看到儿童遇到困难的时候会立刻介入，帮儿童完成他们想要做的事。或许我们的脑子里有一个声音在说："你想要自己梳洗、自己穿衣服吗？别麻烦了，我就在这儿呀！我会帮你做任何你想做的事。"这个被我们剥夺了自主权的儿童，会变得很难相处。我们会把他的这种行为看得很严重，认为是不乖的表现，而同时我们还认为帮儿童做事是为了儿童好。

我们应该想想，儿童生命最初的几年是怎么过的。他们被限制在家里，里面只有不能打破、不能弄脏的东西，儿童根本动弹不得，更没有机会练习控制自己的身体和学习使用日常生活中常用的东西。许多必要的生活经验就这样被剥夺了，儿童的生命也将因为这种缺失而受到影响。

当然，也有一些儿童难以驾驭，好像没有人可以管得好。他们总是烦躁不安、闷闷不乐的，每次都不愿意乖乖梳洗，他们的爸爸妈妈也就随他们去，不闻不问。每个人都说这样的爸爸妈妈真好，真有耐心，可以每天容忍这样的孩子。然而，这种做法真的就是对孩子好吗？如果是的话，那人们真是曲解了"好"的含义。

对孩子好并不意味着容忍孩子犯的所有错误，而是应该找出应对策略尽量避免孩子犯错；对孩子好就应尽可能让孩子自然地生活成长，同时尽量满足孩子成长所需——我们应该体会到孩子其实是一个弱小无助的小可怜，他们一无所有，他们需要别人为他们提供生活所需。这样才是对孩子好和爱孩子的表现。

当我们在属于儿童的环境里观察儿童的一些行为反应时，我们发现他们为了把事情做得更好，为了实现自我完善，而自动自发地工作。我们不但可以从儿童选择的物品中看出儿童是否处于合适的环境，也可以从儿童借由这些物品的使用进而发现自己的错误中去验证这个问题。

我们还应该为儿童做些什么呢？

什么也不必做。

我们已经努力给儿童提供一切所需，现在必须做的只剩下克制自己想要帮助儿童的冲动，安静地在一旁观察，和儿童保持适当的距离，既不常去干扰，也不放任其自由。当儿童在做一件对他们来说非常重要的事情时，他们会很安静，而且自得其乐。除了在一旁观察儿童，还有什么是我们需要做的？这个问题的答案正是我建立蒙台梭利学校的理由。在蒙台梭利学校里，当教师被降为观察者的角色时，儿童反而能够自发地进行他们自己的活动，这一点和普通学校的教学正好完全相反。在普通学校中，教师一般扮演着主动的角色，儿童则处于被动状态。然而，儿童成长得越快，教师需要做的观察工作就越多。

由此，我想到我们学校里发生的一件令人欣慰的事。有一次校工忘记打开教室大门的锁，孩子们没办法进教室，心情都不太好。最后，教师说："你们可以从窗户爬进去，只是我进不去。"于是，孩子们就一一从窗户爬进教室里，教师呢，则心甘情愿守在门外看孩子们在里面玩耍。

儿童需要的是一个能够指引儿童、能够为儿童的能力锻炼提供器械的适当环境，同时要允许老师暂时离开儿童。创设一个这样的环境，就已经是取得极大的进步了。

Part 9

家中儿童

我们应该让儿童自己擦干眼泪，也应该尽可能地去安慰他们，因为不可否认，我们经常忽略儿童真正的需要。虽然儿童流泪背后的原因是那么难以捉摸，但它是所有问题的答案所在。

到目前为止，我们已经明白，尽管现在有许多人致力于传播基于直接观察的、有事实根据的观点，有些幼儿教育还是以偏差的观念和先入为主的错误成见为基础。各研究领域中运用基于观察的方法取得了初步的成效，已有许多成功案例的报道，很明显，教学方法的方向将发生转变。任何现代的教育方法在运用之前，都必须先观察儿童，而这些基于观察的教育方法，最终也会深入儿童的家庭。届时，不但全新面貌的孩子将应运而生，爸爸、妈妈也会因此而脱胎换骨。

　　直到现在，家长给予孩子最主要的教育不外乎就是纠正孩子的不当行为，教孩子分辨对与错，但是家长的"身教"少之又少，还是以道德说理和口头告诫居多；如果这些都无效，便会责骂和鞭打。实际上，在这个热爱和平的社会中，没有人比父母更有权力将体罚作为教育孩子的一种方式。

然而这个体罚的权力，却让家长背负了两个责任：一是在毫无抵抗能力的孩子面前，家长必须表现出绝对的影响力和毫不妥协的权威；二是家长迫不得已只能继续做孩子的榜样。家长非常清楚自己在孩子的未来发展过程中起着至关重要的作用，诚如一句谚语所言：那双推动摇篮的手，掌握着整个世界的未来。然而，在孩子童年时，母亲只需靠练习和耐性，就可以顺利学会的最简单的一项工作，却仍无法将之应用在对自己孩子的教育上。而一个事业有成的父亲，可能懒得去思考如何培养孩子的人格，也不会留心观察孩子。结果，不管是疏忽还是未尽全力，甚或由于过去的经验太空洞、无趣，父母对于要如何教育孩子，大脑一片空白，往往放弃自己的重大责任。

当然，对于父母而言，在没有任何准备的情况下突然要成为小孩子模仿学习的榜样，是一件很困难的事情。在一个纯真无邪的孩子降临到这个家庭之前，爸爸妈妈还在相互指责对方的缺点并且互不相让，但是，他们忽然要面对一个新任务——凡事完美无缺。

这个刚刚降生的小小婴孩赋予了这对父母很多任务：教育孩子，改正孩子的缺点，用惩罚的方式让孩子改进，最重要的还有父母自己的言传身教。因此，鉴于日常生活中可能出现诸多困难和矛盾，我们实在无法详细而完整地描述父母面对的所有情境。

首先，让我们来看看"说谎"这个问题。

当一个好妈妈最重要的责任之一，就是教育孩子养成诚实的习惯。一位和我熟识的妈妈通过描述说谎的卑劣，来教育她的小女孩绝对不能说谎。与此同时，她也在小女孩面前赞美那些即使受到责难、牺牲一切也坚持不说谎的人所具有的勇气和坚定意志。妈妈费尽心思让孩子了解，一个小小的谎言可能会引发一连串错误的行为，正如一句谚语所说："说谎会让人失去理智。"她还特别跟孩子强调，家庭幸福、家境好的人更应该维持尊严，为那些家境贫穷、没有办法获得良好教育的人树立榜样。

可是有一天，朋友打电话邀请这位妈妈去听音乐会，妈妈却大声回答说："啊！真不好意思，我头疼得厉害，实在没办法去。"她还没说完，就听到隔壁房间传来一声尖叫，她赶紧冲过去，只见女儿坐在地板上，双手捂着脸。妈妈问："亲爱的，发生了什么事？"小女孩哭着回答："妈妈说谎！"

小女孩对妈妈的信任被摧毁，孩子和妈妈之间从此被无形的高墙阻隔。孩子对社会交往充满疑惑，人际交往对这孩子的神圣意义受到了亵渎。这位妈妈处心积虑好不容易才让孩子养成诚实的好习惯，却从未反省自己在日常生活中的习惯性说谎行为。

那些不厌其烦鼓励儿童养成诚实习惯的成人，往往把儿童包裹在谎言里，而这些谎言不但不能算是"小谎"，还常是有预谋的，且都是用来欺骗儿童的。提到欺骗，我想到一个与圣诞节和圣诞老人有关的逸事。一位妈妈对骗孩子真的有圣诞老人存在的事，觉得非常内疚，所以她决定向孩子说出事情的真相。孩子知道过去一直被骗后，失望极了，而且整个一周都闷闷不乐。孩子的妈妈跟我说这件事的时候，还难过地流下了眼泪。

不过这种情况也不一定都会有这么严重的后果。另一个妈妈也向她的小男孩说了类似的话，小男孩听了马上笑了出来，还跟他妈妈说：

"哦！妈妈，我早就知道世界上没有圣诞老人了！"

"可是你怎么从来也没告诉我呢?"

"因为你每次都很高兴呀。"

父母和孩子的角色常常处于对调的情形下。孩子是最敏锐的观察家，他们同情爸爸妈妈，因此故意顺着父母的心意，让他们高兴。

很多父母认为，他们的孩子应该毫无异议地听他们的话，与此同时，爸爸妈妈也希望孩子非常爱他们。在这方面孩子也常常成为爸爸妈妈的老师，因为孩子的思想是那么的纯真无邪，他们的正义感更是令人难以置信。

一天晚上，一个妈妈要孩子上床睡觉。小男孩求妈妈让他把已经做了一半的事完成后再去睡，但是妈妈一点儿也不让步。最后小男孩乖乖上床睡觉，但过了一会儿又爬起来想把事情做完。小男孩的妈妈发现孩子竟然背着她偷偷溜下床，因为感觉到自己被欺骗，狠狠地骂了小男孩一顿。小男孩对妈妈说："我没骗你啊，我跟你说过我想把事情做完。"妈妈不想再和孩子说下去，就叫小男孩道歉。可是，这个小男孩还想继续和妈妈讨论"欺骗"这个词，就像之前他坚持要把事情做完才去睡一样。小男孩解释说，他并没有欺骗任何人，因此他不明白为什么他需要道歉。

"好吧！"小男孩的妈妈接着说，"我知道了，原来你一点儿也不爱妈妈！"

小男孩回答："妈妈，我真的很爱你，只是我并没有做错事，为什么要道歉呢？"

以上的对话听起来，孩子的谈吐似乎才更像成人，小男孩的妈妈反而像孩子般无理取闹。

另一个例子和一位当牧师的爸爸有关。这位牧师的小女儿每个周日都会到教堂里帮忙。某个周日，牧师谆谆布道。牧师说，所有的人都是兄弟姐妹，穷人和受苦难者也是耶稣的子民，如果我们希望获得永生，对穷人和受苦难者都必须爱护。牧师的小女儿被她爸爸的布道深深感动。离开教堂后，在回家的路上，牧师的小女儿看到路边有一个小女孩在乞讨，可怜的小女孩身上还有许多伤口。牧师的小女儿跑到小女孩身边，爱怜地拥抱和亲吻小女孩。牧师和他的太太简直吓坏了，一把抓回他们穿戴整洁漂亮的小女儿，匆忙离去，还责骂孩子的鲁莽行为。回到家以后，牧师太太赶紧给小女儿洗了个热水澡，全身的衣服也重新换过。事情过后，小女儿再听她爸爸布道不再会感动，就像听其他故事一样，再没有什么特别的感觉了。

如同以上所提的事情一样，还有很多数不清的冲突，源自父母和下一代之间，或者应该说是成人和儿童之间的不和谐。

成人的自命不凡和自以为是使其不能准确地给自己定位，其实儿童十分关注成人，成人的不当行为儿童都看在眼里。这些隐藏的冲突和矛盾，终将引发儿童和父母之间的真实战争。儿童和我们之间隔着一道鸿沟，任何人都没有办法跨越。虽然在儿童和父母的战争中，胜利的通常是强势者，但是爸爸妈妈的胜利，经常还是不能让他们的小对手信服，因为成人的确错了。最后大人们通常采取说教的方法。在这些情况下，爸爸妈妈倾向于采用专制、独裁的方法来解决问题。他们强迫孩子服从，保持"好孩子"的完美形象。为了达到唯父母独尊的胜利，爸爸妈妈命令孩子闭嘴，因而确保了"和平"。然而，爸爸妈妈在赢得胜利的同时，也失去了孩子对他们原有的信任，连父母和孩子之间的自然情感和相互信赖也一并受到影响。

如此一来，儿童无法得到内心深处最需要的慰藉。结果，儿童的人格发展将会产生一些不良的反应；为了适应成人的不当行为，儿童也许会刻意压抑某些生理上的紧张反应，从而引发各种疾病。这类伤害十分普遍，甚至被视为儿童的特质，其实它是一种防御机制，例如，表现出害羞或故意说谎来掩饰不正当的行为。恐惧也和说谎一样，源自被迫屈服顺从，但这种情绪对儿童造成的伤害比其他情绪给儿童带来的伤害更严重，因为它让儿童将想象和感觉混为一谈。这种情绪上的混淆，常发生在缺乏内在发展机会的儿童身上。除了上述各种缺失，我们还必须补充的病态表现是被动模仿。与其说被动模仿是一种自我发展和自我完善的方式，还不如说是通往堕落之路的方式。光看别人怎么做是无法进步的，因为进步是一种自我的内在工作。儿童内心被压抑的欲望，就像淤积在水塘里的腐烂物一样，从此隐藏了起来，儿童永远没有机会估量它们真正的价值。这些欲望因为无法为儿童所认识，也无法实现；也因为欲望不可控制——儿童从来就没有机会去控制它们；更因为欲望无时不在、无处不在，因此一点点地吸引儿童，通过他们秘藏于心的好奇诱惑他们。

成人压制儿童活动的自然冲动，会妨害儿童生活、做有用的事和运用精力的能力的形成。总之，在儿童依自然法则发展的道路上，成人成了绊脚石。结果，儿童在学习和成长过程中走了很多冤枉路，在成百上千种毫无学习意义的物品、玩具里打转。儿童原本拥有的克服困难的能力，也在不知不觉中受到影响，儿童认命般顺从成人的指挥，对所有的事情都提不起兴趣。

这样的儿童在孩童时期拥有想飞的翅膀，但他们的翅膀被生生折断，他们想要活动的冲动被无情地压制。儿童因为接触不到他们可能会感兴趣的东西而缺乏想象力，他们四处碰壁，丧失了感觉的能力，徒劳地在外部物质世界中寻找现实的切入点。以各种形式存在的事实被隐藏了起来，儿童离真实世界越来越远，生活也变得充满病态和无益的空想。

虽然如此，这些小精灵仍无时无刻不在抗争，在保护自己。然而，就像所有弱小的生物一样，儿童只能用躁动、任性、生气、哭闹和发脾气等消极的方式来反抗。儿童故意调皮捣蛋——实际上，这种恶作剧极大程度上是愤怒与故意反抗的另一种形式。这种行为消耗掉的不是儿童正常的精力，而是其他方面的——儿童用他们贫乏的想象力所能想出的恶言恶行和恼人的捣蛋行为来宣泄这种不正常的精力。

此外，这些让教师束手无策、让任何人都疲于管教的小麻烦，还可能变成其他儿童模仿的对象和争相追随的小头目。而成人用来对付这些儿童的方法，就和对付一个胆敢无视法律闯入圣地的敌人没有两样——粉碎他们的意志，让他们缴械投降。

在这种和成人对立冲突的状况下，儿童的神经系统首当其冲。如今，许多医生逐渐了解到，儿童情绪失调的直接原因是婴儿期受到的压抑。通常儿童在婴儿期的一些症状，例如失眠、噩梦、消化不良和口吃等，都是情绪失调导致的。

老实说，父母确实想方设法治疗儿童的情绪疾病，他们也努力帮儿童改进性格上的缺失。他们心力交瘁地治疗儿童情绪上的疾病，然而这些病症是他们自己一手造成的，且将伴随着儿童进入成年期。之所以会这样，都是因为家长对儿童的压迫——家长打着爱的旗号压迫儿童，无视儿童真正的需要。

我们一定要让精神上受压迫的儿童重获自由！然后，所有这些源于压迫的病症才可能奇迹似的消失不见，而剩下那些不能治愈的，则完全是先天的疾病。

缘于人类人性的缺点，我们总觉得需要有一个权威人士来教大家真理，告诉大家怎样做才是对的，并且指引人们走入正途。

然而，现在我们需要考虑这个问题的其他方面。虽然年轻一代的父母都能够解放儿童的精神，让天真、纯洁的儿童自由发展，但是切记千万不能将教育的自由错误地理解为不改正儿童的缺点。如果爸爸妈妈这么做，会让儿童遭受被人忽视的后果——主要是有患上情绪疾病的危险。在这里，我无意制定新的原则，只是归纳出一些结论。在应用这些结论之前，我们必须认真思考儿童到底出了什么问题，然后斟酌为了满足儿童的需要，我们必须做些什么。不过，为了达到这个目标，对家长进行教育是绝对需要的。

现在的妈妈在照顾孩子身体健康的知识技巧上，和以往一样纯熟。她们知道营养均衡的重要性，懂得如何让孩子适应环境，她们也了解孩子在新鲜的空气中玩耍有助于提高肺部的载氧量。可是儿童并非需要人喂养的小动物，他们自降生之日起就是一个拥有精神灵魂的活生生的人。如果我们认真考虑儿童的福祉，那么只有身体上的照料是不够的，我们还需要为其精神发展开路。从儿童出生的第一天开始，我们就应该尊重他们的精神冲动，并且学会帮助他们。

在如何照顾儿童的身体健康方面，有明确的准则可循，但是精神健康方面的原则包括的范围很广，而且至今尚未为人所知。我们可以确定的是，儿童需要的绝对不只是吃的东西而已。儿童不受成人的介入干扰，自己独立完成一件事后那种骄傲高兴的表情，就是宣告他们内在需要的信号。我们应该引导儿童，创造机会让儿童发展潜能，而不应妨碍他们的活动。

现在的玩具大多缺乏刺激儿童精神发展的功能，我相信这类玩具在消费市场上终将被淘汰。让我们一起来看看过去几年中玩具市场上的变化。玩具制造商不断加大玩具的尺码，他们把娃娃做得几乎和真的小女孩一样高，和娃娃相关的产品，例如床、衣橱、炉子等，也跟着变大了。

然而小女孩并不喜欢这样的玩具。

假如玩具持续变大，小女孩会和娃娃抢起东西来，小女孩会把娃娃的小床和小椅子占为己用。这些小家具会让小女孩高兴得不得了，而娃娃可能就被丢弃一旁。小女孩会发现，原本属于娃娃的东西正适合她用，因此她会开心地把娃娃的东西拿来自己用。所有属于娃娃的那些看起来可爱又好用的东西给小女孩带来了全新的生活——一种真正的生活，这是唯一能让小女孩快乐，又能帮助她自然成长的生活环境。

我们必须让儿童生活在一个他们自己能够掌控的生活环境之中——一个属于儿童的小盥洗台，几张小椅子，一个儿童打得开抽屉的柜子，一些儿童能够使用的日常用具，一张晚上睡觉用的小床和一条儿童可以自己折叠、展开的漂亮毯子。我们必须为儿童准备一个既适合居住也能够玩耍的环境。在这样的环境下，我们会看到儿童双手整天忙个不停，夜里只想赶快换上睡衣，然后爬上自己的床乖乖躺好睡觉。儿童也会自己清理家具，把家具摆整齐，自己穿衣服，还会自己吃饭，自己照顾自己。儿童安静又有礼貌，不哭、不闹、不乱发脾气，也不调皮捣蛋——变得友爱而且顺从。

新式教育不仅提供了一个适合儿童发展的环境，也认识到儿童通常喜欢自己工作和遵守秩序。新式教育更为观察儿童提供必要的机会，希望能在儿童的内在精神显露之前，察觉到儿童迫切的需要。新式教育着眼于儿童精神构建的方式；新式教育并不忽视我们对人体保健已有的知识，而是善加运用，以获得新的进步。对我们来说，心理层面的健全发展是最为重要的，这是新式教育的基础。

接下来我将列举出几项原则，希望妈妈们能借此找到最适合孩子的方法。

家庭教育的首要原则

尊重儿童正在进行的所有合理活动并试着去了解他们，是首要的原则。

儿童的内在潜力驱使他们发挥各方面的精力，只是我们常常对儿童在生活中所表现出来的潜能视而不见。当我们提到孩童活动时，我们脑子里浮现的是我们曾经观察到的儿童的某项特定行为，我们观察并记住这项行为，可能是因为它引起了我们的注意。它可能是一些儿童的淘气捣乱行为，或是儿童受不了一再被压抑而终于爆发的心理上的偏差。其实，孩童活动的真正征兆并不是显而易见的。我们一定要相信儿童天性善良，我们要用充满爱心的关怀，随时准备好去发现儿童善良的本质。只有这样，我们才能逐渐正确地评估我们的孩子。如果爸爸妈妈希望自己能够理性地认识、了解孩子的自然行为，必须按照以上建议，做好发现孩子良善一面的准备。

以下是我在孩子身上所观察到的一些情形。

首先，我们来说说一个三个月大、处于生命之初的女婴。我观察到这个婴儿发现自己双手的过程。女婴竭尽所能想要更仔细地观察自己的手，可是她的手臂太短了，她需要费力地移动双眼，才看得到自己的手。女婴的身边有很多可以看的东西，但是她最感兴趣的还是自己的手。女婴的努力是一种本能的表现———一种为了满足内在需求，而甘愿牺牲舒适的表现。

稍后，我拿了一些东西让她触摸把玩，可是女婴对此心不在焉的，很显然，她对我给的东西一点儿兴趣也没有。

她张开小手，看也没看就让东西从她手上掉下来。然而从那时候开始，每一次她试着要抓住什么东西的时候，不管她想抓住的东西离她远还是近，也不管她抓到了没有，她的脸上都会显现出灿烂的微笑。女婴满是疑惑地一直看着自己的手，好像在说："咦？为什么有时候我可以把东西抓住，有时候却不行呢？"使用手的问题，明显吸引了女婴的注意力。当她长到六个月大的时候，我给她一个装有银色铃铛的玩具摇铃。我把摇铃放在她的手里，教她怎么摇出声音。玩了几分钟以后，她把摇铃丢到地上，我从地上把摇铃捡起来，重新放回到她的手里，可是她又丢了下来。我们俩就这样你丢我捡，重复了好几次。

这孩子好像故意把摇铃丢到地上，好让人帮她立刻捡回来似的。有一天，当小女孩手里又拿着摇铃的时候，她不像以往把手一下子完全张开让摇铃掉在地上，她先放开一根手指，然后再放开另一根手指，就这样一直到最后五根手指全部张开，摇铃也掉到了地上。这孩子目不转睛地看着自己的手指头。她一边反复做着一根一根张开手指的动作，一边继续观察自己的手指。很明显，小女孩感兴趣的并非玩具摇铃，而是一根根张开手指的游戏，是那些知道怎么抓住东西的手指让她觉得有趣，而对手指所作的观察让她感到快乐。之前当她还小的时候，为了看自己的手还得很不舒服地移动双眼，现在她研究起手的作用了。这女婴的妈妈明智地克制自己不去把摇铃收起来，她加入孩子的游戏之中，她知道孩子一再重复游戏的举动对她的成长和发展有极其重要的作用。

这个例子表明了孩子在生命早期的简单需求。但是，倘若没有人注意到这个婴儿对手的好奇心，也许她的手会被戴上保护手套，妨碍了她想要看手的欲望；婴儿的爸爸妈妈也可能因为看孩子一直把摇铃丢到地上，就干脆把摇铃拿走，那么我所讲述的所有事情，都不可能被发现。而帮助婴儿智能发展最好、最自然的方式，可能就此被压制。原本正在享受发现新事物的乐趣的孩子，可能会因为他们的发现游戏被打断而哭闹起来，爸爸妈妈可能会觉得孩子似乎哭得一点儿道理也没有，一堵误解的高墙也因此从婴儿期开始，就竖立在我们和孩子幼小的心灵之间。

很多人对"小孩子身上确实有一个内在生命的存在"这一观点存在质疑。当然，如果这些人希望自己能够了解儿童的需要，希望信服这些需要对生命发展的重要性，他们必须学着掌握儿童幼小心灵的独特语言。尊重儿童的发展自由，包括帮助儿童培养这些能力。

另一个例子和一个一岁大的男孩有关。有一天，小男孩正看着妈妈在他出生之前画的一些图画。小男孩特别喜欢看那些画中有小孩的图，而且会亲吻画上的小孩。小男孩也懂得分辨花的图样，他会把鼻子靠在上面，好像在闻花香的样子。小男孩看到孩子和花所作出的不同行为反应，清楚地表明他知道这两者的不同。旁人看到小男孩做出这些动作，觉得他真是可爱极了，纷纷笑着拿起其他东西学小男孩又亲又闻的动作。在这些人的眼里，小男孩看到孩子和花的行为反应好像只是一件好笑的事，并没有什么意义。他们拿蜡笔给小男孩闻，送上抱枕要小男孩亲，小男孩脸上原本聪明慧黠的表情，转而为困惑所取代。之前，小男孩还因为自己能够分辨图画里的东西，高兴得全身充满了快乐的细胞——这类分辨能力对他的智力发展而言，是非常重要的里程碑；但是现在面对成人残忍的干扰，他实在无力招架。最后，小男孩不加分辨，每样东西都拿起来闻闻、亲吻，旁边的人笑，他也跟着笑，孩子独立发展的道路被阻断。

我们是不是常常像对待小男孩的那些人一样，做出错误的事却毫不自知！我们抑制了孩子自然的天赋本能，常常把孩子弄得不知如何是好，然而当孩子最后无助地流泪时，我们反而觉得这孩子怎么"无缘无故"地就哭。我们不曾关心孩子为什么哭，正如我们从来没有注意到孩子因精神得到满足所露出的快乐的微笑。这种情形在婴儿生命之初感觉最脆弱的时候，在孩子开始要去感受人类精神最初的激励的时候，就已经产生了。也是从这一刻起，儿童和成人之间的战争正式拉开帷幕。

如果我们把孩子放入摇篮，轻轻摇他们，孩子就会入睡。我们不应该讨厌哭闹求助的小心灵！

然而，如果孩子体力充沛，我们立刻知道他们需要的睡眠不多。他们的眼睛明亮，人也聪慧，表现出想和人交往的神情。孩子需要帮助，他们会向任何可能帮助他们的人寻求帮助。人们常说"小孩子爱妈妈奶水充足的乳房，更胜于爱妈妈这个人"，这句话似乎意指日后儿童会对任何给他们好东西的人表示好感。这样的说法并不准确，应该说早在儿童生命之初，他们就自然地亲近任何能够帮助他们精神发展的人。

我们都知道，儿童希望成人陪伴在身旁，而且千方百计地想融入成人的生活，成为成人生活中的一部分。虽然只是和家人坐在餐桌前一起用餐，或者只是和家人窝在火炉旁取暖，儿童却心满意足。

人们那些谈及和平安宁的轻言细语，是最悦耳的天籁，自然本能赋予我们这种方法来学习语言。

家庭教育的第二项原则

家庭教育的第二项原则是：我们必须尽可能支持儿童活动的意愿，但不是"服侍"儿童，而是培养儿童独立的个性，不让儿童养成依赖的习惯。

到目前为止，儿童开口说的第一个字和生命中迈出的第一步，是两个我们看得到，而且几乎是儿童成长过程中极具象征意义的里程碑，也是儿童进步的最初证据。第一个字开启了儿童语言的发展，第一步则证明直立和行走的能力。因此，两者都是家中大事，当这些事发生的时候，聪明的妈妈还会特别把它们记录下来。

学会走路、说话，是很不容易的成就。儿童需要不断地努力，那小小短短的双脚才能站立起来，那头大身躯小的身体才能保持平衡。就连儿童说的第一个字，也是一种相当复杂的表达。当然，会说、会走并不是儿童在其生命中最先学会的两件事。在儿童学会说话和走路之前，他们的智能和平衡感早已获得相当程度的发展了，说话和走路不过是两个最明显的发展阶段而已，但是，儿童在学会说、学会走之前一定要经历的发展之路，值得我们投入所有的注意力。

确实，儿童会自然而然地成长，但是只有在儿童能够获得充分练习的条件下，这句话才完全正确。如果儿童在发展期间缺乏练习的机会，他们的智能发展会停留在较低的水平。我认为，可以这样来讲，那些从婴儿期开始就受到成人支持与引导的儿童，他们的发展更令人瞩目。

那些从孩子断奶后的第一餐起，便粗鲁地把饭一口接一口地塞进孩子嘴里的人，一点儿也不关心小孩子。倘若我们能和孩子一起坐在他们的小桌子前，给他们足够的时间慢慢吃饭，我们马上能看到孩子的小手会去拿汤匙，并且把汤匙放进自己的嘴里。

孩子学会自己吃饭是妈妈的一大功劳，因为在这期间妈妈得付出很大的爱心和耐心。妈妈必须同时喂养孩子的身体与精神，而精神上的需求更重于身体的需要。妈妈甚至逐渐形成了自己的一些育儿观念——这是最值得表扬的。例如对清洁卫生的注意，但是在这种情况下，清洁卫生倒不是那么重要了：孩子刚开始学着自己吃饭的时候还不太懂得握汤匙、拿筷子，肯定会弄脏自己。妈妈这时候可以暂时不考虑干净不干净的问题，先满足孩子自己动手的合理冲动；随着孩子的成长，他们的动作更娴熟，也就再不会把自己弄得脏兮兮的了。吃东西时能够保持整洁，代表孩子成长过程中的实质进步，也是孩子精神发展上的巨大成功。

从一个儿童能持续进行多少具有发展意义的行为，我们可以看出他的意志力。早在儿童会说话，甚至会走路之前——大概快到一岁，儿童的心里仿佛就有一个声音指引着他们的行为动作。儿童会突然想要试着自己用汤匙吃东西，可是他们这时候还没有办法成功地把食物送到嘴里。即使肚子饿，他们也不要别人帮忙。只有等儿童自己动手的需求满足了，他们才会让妈妈喂自己吃。也许儿童浑身脏兮兮的，但脸上闪耀着愉悦、聪慧的神采。此时，儿童想要自己动手的需要已经得到满足，所以他们会津津有味地吃下所有的东西。我们发现，同时也觉得十分惊奇，以这种方式教导的儿童，在一岁左右便学会了自己动手、自己吃东西，令人刮目相看。虽然儿童这时候还不知道怎么开口说话，但是他们完全听得懂别人讲的话，也试图用动作回应我们。

儿童的一些动作让人感受到已然开化的智慧。我们说

"把手洗一洗"，儿童会去洗手。当我们让儿童把地上的东西捡起来，或者是把脏东西擦掉，儿童同样会照着做，而且，每件事都做得很认真投入。

有一次，我和一个快到一岁的小男孩结伴到乡下去。由于他刚刚学会走路，所以当我们走在一条石子路上时，我不禁想要去牵他的手，但是我强迫自己打消这个念头，改以口头提醒的方式告诉他："走另外一边！""看，这儿有块石头哦！要小心走！"小男孩非常认真地听着我的提醒，一步一步小心地走。他不但没有跌倒，还走得很好。我轻声地一步一步引导他，他注意地听着，而且对这个"我说他做"的有意义的活动兴致盎然，走得不亦乐乎。用这样的方式教导孩子，是每一位妈妈真正要做的重要工作。

如果我们只是随意给儿童提供一些对他们的发展没有多大用处的东西，那么对儿童就不会有真正的帮助。唯有配合儿童的精神发展，才能收到最好的效果。此外，成人对儿童的帮助必须以了解儿童的天性和尊重儿童的本能活动为依据。

家庭教育的第三项原则

家庭教育的第三项原则是：我们必须非常留意和儿童的相处之道，因为儿童对外界影响十分敏感，他们的感情世界比我们想象的要细腻得多。

如果我们既没有足够的经验，也缺乏应有的爱心去分辨儿童在生活中流露出来的细致、微妙的情感；如果我们不懂得如何去尊重儿童，那么通常只有在儿童表现出过激行为的时候，我们才会察觉到他们的情感。这个时候给儿童提供帮助，为时已晚。一般来说，只有在我们没有满足儿童的某种需要的时候，他们才会表现出不当行为。儿童突然大哭起来，而成人这时候才赶紧跑过去安慰。

然而，有些家长持另一种育儿原则：没有必要因为小孩子的哭闹而烦恼。经验告诉他们，孩子哭闹一阵子以后，会自己安静下来，所以可以不用去安慰孩子。这些家长认为，如果孩子一哭就去安慰他，不但会把孩子宠坏，还会让孩子养成用眼泪引起注意的坏习惯，爸爸妈妈就会变成这些被宠坏的孩子的奴隶。

我必须就此看法给出回应，儿童看似无理取闹的眼泪，在儿童习惯于我们的爱抚之前就已经产生了。流泪其实是儿童内心挣扎不安的外在表现。儿童需要充分的休息，更需要一个平和不变、能让他们觉得安心的环境，去完成他们生命内在的建构。可是，成人却总是一再蛮横地强加干预。我们一股脑地灌输给儿童很多东西，速度快得儿童根本来不及消化吸收。然后，儿童像饿过了头或者吃得太撑似的放声大哭。

我们应该让儿童自己擦干眼泪，也应该尽可能地去安慰他们，因为不可否认，我们经常忽略儿童真正的需要。虽然儿童流泪背后的原因是那么难以捉摸，但它却是所有问题的答案所在。

海伦是一个还不满一岁的小女孩，她常常用西班牙加泰隆尼亚方言"不怕"(pupa) 这个词，来代表"不好"(bad) 的意思。通常都是有什么原因，海伦才会哭。我们发现，每次她经历一些不太开心的事，例如撞到硬物，觉得冷了，碰到冰凉的大理石板，或是摸到粗糙的东西，她就会说"不怕"这个词。很明显，她想去了解自己身边的事物。当她伸出被撞疼的小手指给人看时，大家都会说几句安慰的话，或是亲亲她手指受伤的地方。海伦很注意观察大家对她的及时关心，然后她会说："不怕，不！"(pupa, no！）好像在告诉你："我觉得好多了，你可以不用再安慰我了。"通过这样的互动，海伦不仅能够表达她的感受，也懂得体谅其他人所付出的关怀。她绝不是一个被宠坏的孩子，因为并没有人给海伦任何无谓的拥抱，或是太多的安慰。通过直接关心儿童的感受，我们不仅帮助儿童清楚地观察人与人之间的互动，也帮助儿童发展其社交本能。因此，我们这么做，等于帮助儿童吸取生活社交上的第一经验。儿童天性中细微纯真的敏锐情感，也因而得以顺利发展。每当儿童告诉我们哪件事让他们觉得不快乐时，我们绝对不会跟他们说"没关系，不要紧"，我们会接受儿童不愉快的感觉，轻声地给予安慰，但也尽量不去渲染儿童遭遇到的不愉快的事情。

儿童觉得不愉快、心里不高兴，成人却告诉他没关系、不要紧，很容易造成儿童的困惑，因为这就否定了儿童想要确认的情感表达。如果我们关心儿童的情绪感觉，不但能增加儿童面对情绪的经验，同时也可以引导儿童获取排解情绪的方法。我们绝对不能否定儿童的感觉，对儿童的情绪视而不见；当然在另一方面，最好也不要对儿童的情绪作太多的讨论，或者在儿童的感觉上大做文章。一句轻柔关爱的话，是儿童唯一需要的安慰。得到适时的安慰和关爱以后，儿童可以继续观察周围的事物，不受影响地自由体验生活，儿童也会因此而获益良多。

小海伦不是一个动不动就哭的小孩。如果有不好的事情发生在她身上，海伦会自己反复地说"不怕"这个词，然后希望有人来安慰她。有一次海伦病了，她一直说"不怕，不!"，好像在安慰自己似的。和其他同龄的孩子比起来，海伦忍受身体不适的能力真是惊人，她不但懂得调适自己的情绪感受，还能像成人一样把烦闷不适抛开。

看到其他人受苦，儿童通常也会跟着哭得很伤心。海伦和劳伦斯这两个小孩就是这样，他们的情绪很容易被感染。如果有人假装打护士一下，或者爸爸假装打他们的一位玩伴，海伦和劳伦斯马上就会哭出来。如果有人心情不好，或是为了某件事伤心哭泣，海伦会立刻走到这个人身边，温柔地亲亲他。然后，海伦会用一种自信的语气说"不怕，不"，来表示"不要怕，没事了，我们别再提了!"海伦虽然还不太会说话，但是她的表述是那么的清晰，语气是那么的坚定!倘若换成劳伦斯的话，他可能采取更进一步的措施，如果他的爸爸做错事，劳伦斯会勇气十足地数落爸爸的不是。假如爸爸做出一些粗鲁的举动，或者推撞劳伦斯，劳伦斯不会哭，他会站到爸爸面前，用很严肃的表情看着爸爸，然后用责备的口气喊："爸爸，爸爸！"意思是说："你不可以这样对我！"

有一天，劳伦斯躺在床上想睡觉了，他爸爸在另一个房间里，大声和别人讲话。劳伦斯从床上坐起来，大喊："爸爸！"听到劳伦斯的警告，爸爸赶紧把音量降低。劳伦斯也就满意地伸伸懒腰，继续做他的美梦去了。

我还记得海伦稍大点儿，大约三岁的时候，曾经发生过这样一件事。那时候，海伦的阿姨拿了一些蒙台梭利教具中的色板给海伦看，阿姨不小心把其中一块色板掉到地上打破了，她的阿姨趁机教育海伦，她说："你看，你一定要很小心才行啊。""要专心，"海伦接着对阿姨说，"不能让它掉到地上哦！"儿童就是这样，有什么说什么——儿童会批评、责备成人的不是，唯有当成人说出这么做的理由时，儿童的正义感才得以满足。

我们不必在儿童面前充当完人，每件事都表现得十全十美。相反，我们有必要认清自己的缺点，虚心地接受儿童公正的观察批评。有了这样的观念，当我们在儿童面前做了错事，也就能够原谅自己的错误。

海伦的阿姨有一天对海伦说："亲爱的，我今天早上对你太不礼貌了，都怪我自己心情不好，不应该把气出在你身上。""但是，亲爱的阿姨，"小海伦给了阿姨一个拥抱，"你知道，我是很爱很爱你的！"

在儿童面前树立一个完美的形象，并不是我们的责任，我们在儿童的心中永远带些小缺点。但是，儿童比我们自己更能看清我们的缺点所在，而且能帮助我们认清缺点，改正错误。

要随时注意儿童精神方面的表现，让儿童自由，这样他们才可以清楚地了解自己的需要，从而得以寻求益于发展的所有外部需求。这是保证儿童获得自由、全面发展，以及焕发活力的前提。

Part 10

新的教师

我们所谓的不干预儿童的学习、尊重儿童的活动，必须是在儿童本质的发展臻于成熟时才行。也就是说，儿童必须已经具备充分的自我专注能力，当他们对某件事表现出兴趣时（单有好奇心是不够的），他们就能够沉浸其中。如果儿童胡乱发泄他们的精力而教师却不闻不问，那么这样的尊重就失之偏颇了。

蒙台梭利教育体系的基本方针，在于利用各种不同的感官刺激，唤醒儿童的安全意识。而且，这些教具的价值和功效也并非绝对。它们能起多大作用取决于教师，以及教师用什么方式将这些教具呈现给儿童。因此，教师必须懂得选用最有成效的方法，让儿童对这些教具产生兴趣，想要去使用它们，虽然儿童学习的成效可以只取决于教师本身和他们呈现教具的方法。现在我们就来探讨一下在课程或教学过程中，如何将教具呈现给儿童，以及引导儿童使用这些教具的特殊技巧。

　　研习过蒙台梭利教学法的人，大多对每一种教学方法都很感兴趣。他们发现，如果将蒙台梭利的教学课程和一般传统意义上的教学课程作一个比较，会形成非常有趣的对照。

　　在蒙台梭利教学法中，活动的主要部分由儿童主导。一旦儿童到了能够做出具有行为意义的举动的年龄，就可以主动地反复进行一些涉及推理过程的工作练习，儿童也能够以此继续他们的自我教育。儿童用这样的方式，完全独立自发地完成学习工作，教师完全不用介入。教师的工作仅限于提供教材用具，至多示范教具的使用方法，之后，就让儿童自己踏上他们的学习之路。因为蒙台梭利的教学旨在唤醒、发展儿童的精神力量，而非一味地把知识灌输给儿童。

这种教学从量上来看是十分惊人的，因为儿童有时候不太在意身边的东西，即使注意到了，也不能大概猜出教具的主要用途，所以教师必须陪伴在他们身旁，随时准备作示范。很多教师问我，光是用温和及鼓励的方式把教具呈现给儿童，就已经足够了吗？我的回答是：当然不够。在儿童的自我学习过程中，教具的操作方法才是最重要的。以西式餐具为例，西方人都很清楚餐桌上刀叉的用法，但是如果换成一个不懂刀叉用法的东方人在餐桌上看到这些东西，可能会觉得挺有趣的，也许还会把刀叉拿起来舞弄一番，只因为他们不曾见过别人使用刀叉吃饭。

所以说，教师在教学过程中，需要持续作示范。例如，将方形积木依体积大小堆高，用积木叠成高塔，然后把它们拆除；把圆柱体从嵌孔中取出混在一起，再让儿童根据形状大小放回原来的嵌孔里；或者把嵌孔和圆柱体分别放置在两个地方，依视觉判断嵌孔的大小，再凭记忆一一将圆柱体放入嵌孔中。这样的教学过程看起来可能很奇怪，因为课程示范的全过程都是安静的，几乎不使用什么语言；而且为人们所熟知的上课就是教师讲、学生听，就像微缩版的讲座一样。可是，这种不用语言的教学引导才是真正的课程。它让儿童亲眼看到该怎么坐、怎么站，怎么拿盘子才不会打翻放在上面的水杯，以及怎么做出轻巧准确的动作。这些不都是教学吗？即便是静默，本身也是一项教学。通过这样的练习，我们教导儿童安静坐好，并让儿童习惯在有人轻声叫他们名字之前，一直保持安坐的姿势。我们引导儿童将他们的注意力集中在他们自己的身体上，并且鼓励儿童学习控制身体的动作。教师不以言语鼓励静默，而是以沉静的神态肯定儿童的表现。"静默游戏"可以说是蒙台梭利教学法的代表。我们将此方法运用在每一项教学上，即使是那些人们认为不说就没办法懂的事也不例外。

在蒙台梭利学校里，教导儿童的是环境本身。教师只是让儿童置身于这个环境并和环境直接互动，教师会示范引导儿童该怎么使用各类教具。这样的学习方法，如果运用在其他教学法里，是不可能成功的。我们只会听见教师不断地大喊："安静!""不要动来动去!"很讽刺的是，这些话甚至还被称为教学用语! 我们不相信光是用"说"的，以及命令式教学所取得的教育成效。我们认为，教育应该是谨慎地寻求适当的方法，几乎是在儿童不知不觉当中，引导他们自然的学习活动。蒙台梭利教学法的成功，可以从儿童自动自发地操作、认真努力地学习新技能的态度里得到肯定。服从命令必须以完备的人格为前提。换句话说，儿童必须已经具备我们所期望的反应能力，因为服从必须靠他们自身的练习才能做到，而不是凭我们的命令就可奏效。我们常常听见教钢琴的教师对学生说"手指的姿势摆好一点儿"，却没有看见教师教学生手指该怎么摆才算好。于是学生的手指姿势还是摆不好，钢琴教师再一次重复刚才的话，学生的姿势照样摆不好。

我们在命令儿童做一件事之前，必须考虑到一个重要的前提，那就是儿童的心智发展需要达到一定的成熟度，才有可能遵照成人的指示完成要他们做的事。儿童会自己依令行事，还会小心翼翼地进行。就教学来说，所有的口语指导应该出现在教学的后半段，因为儿童在内在秩序尚未发展好的情况下，要引导他们是不可能的。当然，语言也不能不教，可以考虑儿童的词语及他们使用词语的方法。

缺乏教学经验的教师，通常会更注重"教"。他们觉得只要自己采用有意义的方法，去示范材料的使用方法，他们就已经完成了教师该做的工作。实际上，这样的想法与事实大相径庭，因为教师的工作远比这重要得多。教师有责任引导儿童的精神发展，因此在观察儿童时，不能仅限于了解他们。教师的观察最终必以他们辅助儿童的能力表现出来，而这也是观察的目的所在。

做一位新式教师，并不是一件容易的事。在此，我只能试着想起每一项能够对教师有所助益的教学原则。首先，一位新时代的教师必须懂得分辨儿童注意力所在。当儿童将注意力集中在重大工作上时，教师一定要尊重儿童，不要在一旁纠正或突然给予赞美，这样反而打扰了儿童。少数教师对上述原则只是一知半解，他们把教具发给儿童，然后就默默地退到一旁，什么事也不管。这样做只会造成一种结果——整个教室闹翻天。

我们所谓的不干预儿童的学习、尊重儿童的活动，必须是在儿童本质的发展臻于成熟时才行。也就是说，儿童必须已经具备充分的自我专注能力，当他们对某件事表现出兴趣时（单有好奇心是不够的），他们就能够沉浸其中。如果儿童胡乱发泄他们的精力而教师却不闻不问，那么这样的尊重就失之偏颇了。

有一次，我目睹一整班孩子用完全错误的方法操作教具，教室里也毫无秩序可言。教师只是在教室里走来走去，一句话也不说，沉默得就像埃及的狮身人面像。我跟这位教师说，干脆让孩子到外面玩，也许会比在教室里好一些。后来我经过一个孩子身边，他正趴在另一个孩子耳朵旁说悄悄话。我问他："你在干吗？"孩子说："我小声地讲，才不会打扰到他啊！"

这个教师犯了一个非常严重的错误，他不敢干预儿童的失控状态，却又不试着去建立秩序，好让儿童的个别工作可以顺利进行。

有一次，一位教师向我陈述他的观察，他说："你要求我们像尊重科学家或艺术家的工作一样，在孩子专心致志地学习操作时，尊重他们，但你为什么又说如果孩子把教具当成玩具玩，而不是用来操作时，我们就应该介入其中？""是这样的，"我回答他，"我对孩子智能活动的尊重程度，就像尊重艺术家的灵感巧思一般，甚至有过之而无不及。但如果我到一位艺术家的工作室，却发现他在抽烟、打牌，我会毫不犹豫地打断他，对他说:'喂！我的朋友，你在忙些什么啊？'因为他正在做的事无须太费神。我还会对他说:'放下你的画笔，我们一起出去走走，沐浴一下阳光吧!'"

蒙台梭利教学法里所指的尊重，绝对不是连儿童的缺失或肤浅的表面现象也一并包容。尊重在本质上，必须基于以下几项基础原则：能够察觉出儿童不同的体能状况；鼓励儿童发展对其身心健康有益的行为（我们通称为"好的事"）；打消其他不好的念头，因为它们并无建设性，对儿童的发展也没有什么用，只会分散儿童的精力，伤害儿童的发展（我们称这些为"坏的事"）。

不单是教师必须牢记这些原则，做母亲的也需要谨记在心。

教师固然可以不厌其烦地提醒儿童，也可以非常严厉地指正儿童的错误行为；但是一位真正体会教学之道的教师，懂得用比强迫压制更有效的方式，引导儿童步入正轨。毫无疑问，这有赖于随时的观察以及持续的努力和付出。教师必须随时留心儿童的状况，谨慎地安排他们的学习环境。这比命令和告诫要简单多了！方法虽然简单，却不是一件容易的事，还需要有无尽的爱心和洞察力才行。

教师要像家庭主妇布置自己的家一样，为儿童营造一个美观、温馨的学习环境。不过，光是这样还不够，教师还需要了解儿童的一举一动，更需要承担起教育儿童的职责。多用点儿心、多观察儿童，教师对其工作就会有一个清楚的认识。一个儿童，其行为能否上轨道、能否取得进展和成就，常常有赖于教师是否具备细致入微的观察能力。唯有真的去做，才能收到令人满意的成效。

让我举个例子来说明一个看起来不怎么起眼的错误可能导致意想不到的后果。假设现在有一个装饰精美的房子，租户把洗脸盆拿来装炭取暖，他们当然就没有办法用洗脸盆来洗脸，他们的房子和家具也会因此而脏乱不堪。只因为这些人不懂得善用现有的卫生设施这样一个小小的错误，结果他们就不得不生活在脏乱不堪的环境里。他们期望很高，却一无所获，生活失去秩序，还造成了混乱。

教师是否具备应有的能力，取决于他们是不是谨慎地运用蒙台梭利教学法的基本原则。如果教师认同蒙台梭利教育的教学观点，他们将会从中发现一些克服教学小困难的要领，也会达到极佳的教学效果。

这也是臻于完美的不二法门，就算是探求道德上的完美也不例外。虽然说懂得克服小困难、避免小过失，并不一定能让人达到完美的境界，然而那种知道自己有能力改正错误，而且能够渡过难关的精神感受，具有振奋人心的效果，进而促成一股鼓舞人心的力量。正是这样的力量，让生活上的许多小困难变得微不足道。

我们一定要帮助儿童摆脱自己的缺点，但又不要让他们觉察到自己的不足。

Part 11

成人和儿童

与儿童最亲近的成人——母亲或教师，反而成了在儿童人格形成过程中最有可能对他们造成伤害的人。强者和弱者之间的对立冲突，不仅与教育有关，也可能在儿童成年后的精神生活上反映出来，还是造成成人精神错乱、性情异常以及情绪紊乱的主要因素。问题从成人"传给"儿童，又从儿童"传给"成人，成了一种普遍的循环。

如今，人们不再只将教育视为一门技术，更认为它是社会科学这个大领域中最重要的一个领域。事实上，人类的发展进步，除靠那些改善外部环境的科学外，更直接的还是要借助针对发展中的人，尤其是关注儿童需要的科学。正因如此，不只是科学家和教育学者对教育的相关研究和发现兴趣浓厚，为人父母者和社会大众也非常关注教育。现代教育理念有两项主要原则为大众所熟知：第一项原则是研究、培养儿童的个人特质，了解每个儿童的个性，并通过其特有的人格特质来引导他们；第二项原则是关于解放儿童的必要性。

　　众所周知，在实现现代教育目标的过程中，我们遇到不少难以克服的困难，当然，教育科学已经解答了无数的教育问题。事实上，"问题"可以说是教育研究领域的独有特征，或者换种说法，"问题"也是教育研究领域的研究主题，例如人们常提到的"学校问题""独立自主的问题""兴趣和能力问题"等。在其他科学研究领域，常用的词却是"原理"，例如"光的漫射原理""地心引力的原理"等。一般来说，在科学的研究领域中，问题多半产生于不明确的外围部分，学科的核心则由发现和解决问题构成。然而，在具有实验性质的现代教育学领域，放任重要的问题不去正视，就等于背离科学的真义。解决一些无关紧要的小问题之所以称得上科学，就是因其使用的研究方法和观察方法。纵使有人这样讲，科学家也完全不会采信——"我解决了教育的全部问题，我在人类的精神构建方面有许多新发现，我将教育置于明确、简单的境地"。因为学术研究的自由，经常与研究规范的限制和文化的差异形成强烈的对比。这种对比也存在于个人发展和社会压力之间。一个人生活在人类社会中，不可避免地要受到种种约束，逼得他不得不去适应一些无法预知的事情，也必须去适应那些维护社会安定的礼教束缚。因此，个人必须或多或少地牺牲一些自我。推及儿童，他们似乎无可避免地要经受学习任务的折磨，不管我们多么希望儿童能够快乐地享受学习的乐趣，他们必须努力学习，但又不能把自己弄得疲惫不堪。我们一方面会强制儿童服从，另一方面又希望儿童能够自由自在。这些理想和现实之间的矛盾冲突，引发了许多教育上的问题。科学家的改革尝试，到最后变成成人思考儿童未来命运的声声叹息。事实上，所有现代学校的教育改革都旨在缓解教育沉疴所造成的伤害，例如修订课程和教学大纲、强制规定休息时间和体育锻炼等。然而这些改革的补救方案，却对文化发展产生了不利影响。

无论如何，针对教育问题的解决方案，绝对不能有一丝一毫的妥协让步。我们一定要实行真正的改革，我们一定要找出一条通向教育的崭新大道。因为目前的教育之路，仍是一条死胡同。

当其他科学领域早已有了许多有利于人类生活的发明时，教育科学却仍未找到妥当的方法。教育研究领域探讨的所有问题都仅限于对外部现象进行研究，借用医学的术语来说，都是只治标而不治本。

在医学领域，各种不一样的症状可能都是由一个主要病因引发的；想要根除这些病痛，如果只是一项一项地分别治疗，不找出病源所在，到最后可能只是徒劳无功。举例来说，心脏的功能障碍可能引发所有身体器官的各种毛病，如果我们只是去治疗其中某一器官的毛病，却不设法使心脏功能恢复正常，那么所有的症状还是会再次出现。

再举一个例子，是关于神经分析学领域中神经官能症的处理方式的。一位分析员发现，病患发病是因情绪情感和思想观念之间产生错综复杂的相互作用，致使人的精神无法负荷，引发一系列紊乱。基于这种情况，这位分析员就必须寻根探源，追溯深埋在潜意识中的病因。一旦发现病发的主要原因后，所有的问题就都比较好理解，所有的病症也会逐渐消失或者转为无害。

我之前讨论过的教育问题，就好像例子里提到的外显病症，由一个隐藏难见的主因引发，而这个主因与人类的社会潜意识有关。蒙台梭利的教学方法，一直处于现行教育体制的诟病之外，也一直朝着一条期许能够揭示教育沉疴主因的道路前行。在蒙台梭利教学法之下，起因已被攻克，问题也已消失。

如今我们察觉出所谓的教育问题，特别是那些与个性、性格发展和智能发展相关的问题，事实上全都源于儿童和成人之间的冲突对立。成人在儿童发展道路上所设下的难关，不但难以计数，而且极具伤害力。这些难关对儿童成长发展的危险程度，要看成人在设下这些难关时，如何挟着道德义理和科学理论之名，及其想要操纵儿童的意志来遂行其意。所以说，与儿童最亲近的成人——母亲或是教师，反而成了在儿童人格形成过程中最可能对他们造成伤害的人。强者和弱者之间的对立冲突，不仅与教育有关，也可能在成人日后的精神生活上反映出来，也是造成儿童成年后精神错乱、性情异常以及情绪紊乱的主要因素。问题从成人"传给"儿童，又从儿童"传给"成人，成了一种普遍的循环。

因此，要想彻底解决教育问题，第一步绝不该针对儿童，而应针对成人。首先，成人须厘清自己的观念，摒弃一切偏见，改变其道德上秉持的不正确态度。接下来的步骤就是为儿童准备一个适合其生活的环境，一个无阻碍的学习空间。环境的设计要符合儿童的需求，让儿童能够一步一步得到必要的解放，使其得以克服一切困难，并开始显露出他们的非凡特质——人格中更高级、更纯粹的人类倾向。以上两个步骤，是奠定成人和儿童的新道德基础所必须进行的。事实上，在我们专门营造一个适合儿童的环境，并且接触到儿童在活动中自然流露出的创造力之后，我们能够看到儿童在工作中展现出前所未见的安静平和。一个适合儿童精神生活基本需求的环境，可以让儿童长久隐匿的正常态度得以浮现；因为过去儿童和成人之间频繁发生矛盾冲突，儿童形成的态度无非就是防御和压抑，其正常的态度并未有所显现和发展。

　　我们相信，儿童的内心存在着两种不同的心理状态：其一是自然而富有创造性的，也是正常、积极的一面；其二是被迫的、消极的，主要源自强者对弱者的长期压制。这个发现让我们对儿童有了全新的认识，也给我们幽暗的漫漫长路提供了一丝光亮，引领我们走向新教育的康庄大道。儿童所表现出来的纯真、勇气和自信，皆源于道德的力量，也是儿童社会性发展的表现。同时，儿童的缺点——大家试图以教育导正却徒然的缺点，例如不礼貌、破坏行为、说谎、害羞、恐惧，以及那些与自我防御相关的让人意想不到的抗争方式，一下子完全消失无踪。与这些面貌全新的儿童沟通交流的成人，也就是教师，也应该以全新的态度对待这些儿童：教师不再是集威严、权力于一身的完美圣人，而只是谦逊有礼、满怀爱心帮助儿童的人。既然我们已经察觉到儿童的心理层面呈现出两种不同的状况，当我们着手讨论教育方针时，就要先确定讨论的对象：我们是以受成人压制的儿童（如果他们尚未被完全压制，他们便始终处于防御抗争状态）为对象，还是以在正常生活环境下自由成长并得以发挥其创造潜能的儿童为对象呢？

若是以被压制的儿童为讨论对象，那么成人就是造成许多无法解决的问题的祸首；若是以自由成性的儿童为讨论对象，成人则扮演着一个充分认识到自己的错误，而且能和儿童平等相处的角色。所以，在第二种情况下，成人能够轻松愉悦地和儿童相处，和儿童共享平和温馨、处处惊奇的新世界。

教育科学能够在第二种架构——和儿童平等相待的体制下施行。事实上，科学的概念就是事先假设真理的存在，因此也就有了向前发展的基础，才能够发展出一套切实可行的方法，进而控制错误的发生。儿童就是那个引导我们求得真理的人；儿童希望成人能够真正给予他们有用的帮助，也就是"帮助我帮助自己"。

儿童的确是经由活动而得以在环境中发展的，但是除活动之外，儿童还需要材料的操作、学习上的指引和不可或缺的理解。这些对儿童发展至关重要的东西，有赖于成人的提供。成人必须给儿童必要的、做儿童需要的，帮助儿童自己行动。假如成人做得不够，儿童可能就无法顺利地发展；但是如果成人做得太过，则可能会阻碍儿童的发展，使儿童的创造力无法发挥。成人可以自己决定这个"点"，而这个平衡点，我们称之为"介入的临界点"。我们引导儿童的经验积累得越多，就越能正确地找出介入的恰当时机；而儿童和成人施教者对彼此的必要了解，也就更加透彻。

儿童的活动由他们接触到的操作材料引发。因此，我们把一些经过科学验证所挑选出来的教具，放置在儿童生活、学习的环境里，让儿童任意把玩或使用。有关文化传承的问题，也因为这种做法而得以解决。这样的做法不但减少了成人的介入干预，也维持了较为传统的教学形式，让儿童依据其发展所需，自己探索学习。每一个从活动中获得自由的孩子，依据内心深处创造力方面的需求而发展，也在学习上获得进步。因此，个体的发展便成了有助于文化传承的实践。教师仍旧发挥引导和指导的作用，但只有在必要时才出现。儿童的个性是按照自己的法则展现的，锻炼各方面的能力。

我们从实际的经验中，总结出许多对教学非常有益的心得。要为科学的教育学构建新的纲领，这些经验心得对我们有很大的帮助。其中的一项纲领就是，成人的干预、教具的使用和学习环境本身，都必须有所限制。教具提供得太多或者太少，都可能对儿童的发展产生负面的影响。教具的数量不够，可能导致儿童的学习停滞不前；教具过多则容易分散儿童的注意力，给儿童造成不必要的困扰，让他们眼花缭乱，不知道选哪个好。

为了进一步澄清上述概念，让我举一个和食物营养有关的例子。食物营养的缺乏会导致营养不良，而吃得过多则体内可能积累毒素，使身体易患各种疾病。众所周知，饱食并不会让人活力充沛，反而会让人觉得疲累；但是在过去，人们通常认为饱食有益健康。澄清以前的错误观念后，医生才得以拟出维持身体健康所需的食物质量标准，营养学寻求的是更精准的计算方式。

如今，那些笃信教具是个人教育的关键的人，认为不需经过计划、不受任何限制地提供大量教具给儿童是比较好的做法。这种观点和以前那些人的想法如出一辙：只要多吃，身体就会健康。两者可以相提并论，是因为同样涉及"喂养"，只是一个关乎身体，另一个关乎心智。而今，我们有关智能发展的方式，也就是对教具的研究，也开始显示出，限制更能够激起儿童自发性的活动和全面的发展。不过最终，总是儿童展露的新形象指引着我们作出这个决定。

新生儿在其生命之初的几个月，就已显现出他们的独特性。有些人认为，心理学中可供我们利用的只有关于有意识的心智和语言表达能力方面的知识；很显然，这样的人彻底地忽视了婴幼儿。那些深信婴儿只需要身体上的照顾的论点，掩盖了最重要的事实。然而，当成人放弃对儿童的压制，试着去研究和了解儿童精神世界的外在表现时，就能够清楚地体会到，儿童的内心世界远比成人认定的要丰富而成熟得多。事实上，早有研究证明，即使是婴孩也能融入环境。儿童融入环境的能力先于他们大小肌肉的发展。儿童的内在有一股鲜活的精神力量，即使是在他们的肌肉动作或语言能力尚未开始发展之时，他们仍然需要我们的帮助和精神上的呵护。

由此我们得知，儿童的天性是二元性的，其一显现在他们的内在心理发展上，其二则显现在他们外在身体的成长发育上，二者存在功能上的不同。人的二元性发展和其他动物的发展不同，其他动物几乎是从出生开始，就靠着天生的直觉指引它们该怎么做。而人类必须自行建构这套机制，然后精神才能得以展现并有所行动。这让我们想到，人类独特的优异之处，就是人必须自我激活身体的复杂器官，这些最终又会显示出个体的独特之处。人必须建构自我，拥有自我，最后更要能控制自我。我们眼中的儿童其实是一个持续发展变化的个体，他们必须一步一步循序渐进地在行动和精神中间求得平衡的发展。成人的行为通常经过思考而产生，但是儿童却要想方设法在思考和行动之间寻求一致。思想和行动趋于一致，是儿童人格发展过程中的关键。

因此，妨碍儿童的行动，便是在儿童人格建构的过程中设置障碍。思想是独立于行动而产生的，行动则可以听命于他人；而行动并非只对某个特定的精神作出反应。正因如此，性格才会如此脆弱，内心的不协调削弱了每一个行动的效用。这个事实对人类未来的发展极其重要，也应被视为家庭教育和学校教育应该遵循的首要原则。

儿童比一般人所认为的更需要精神上的鼓舞。常常让儿童觉得痛苦的，不是因为需要去做很多事情，而是得去做那些对他们来说毫无意义的事。儿童感兴趣而且愿意付出心力的，是那些能和他们的智力程度及他们作为一个人的尊严相符的事情。我在全世界众多的学校里，看见很多儿童做出超乎成人意料的事情——儿童远比我们想象中厉害。事实上，很小的儿童就证明自己能够长时间地做一件事而不觉得疲累无聊，能够专心到似乎与世隔绝，这些都揭示了儿童的人格建构过程。儿童在文化方面已显现出超常的能力：才四岁半的儿童已经学会写字，而且非常热衷于书写，十分享受其中的乐趣。我们将儿童这一时期对书写的热衷定义为"书写爆发期"。儿童很小的时候，就在轻松、有趣的氛围中学会书写，他们一点儿也不觉得写字很累人，因为这是自发的活动。

看着这些健康、安静、天真敏感、感情细腻、充满爱心和欢乐、随时准备帮助别人的儿童，我不禁反思，我们实在浪费了太多的精力，因为我们以前犯下太多的错误——人类在始现之日就已开始传播不公。是成人让儿童变得什么都不会做，变得疑惑，变得叛逆；是成人剥夺了儿童旺盛的活力，粉碎了儿童独特的个性；还有，成人急切地想纠正儿童的错误、调整儿童心理上的偏差、弥补儿童性格上的缺陷，殊不知儿童出现的这些问题都是成人自己一手造成的。作为成人，我们发现自己正迷失在一个没有出口的迷宫之中，身陷于一个毫无希望的挫败里。如果成人不能勇敢地正视自己所犯的错误并及时改正，成人就会发现自己受困于问题遍布的丛林中，不知道如何是好；儿童长大后也会重蹈成人覆辙，成为同样错误的受害者，错误若不改正，就会永远这样代代相传下去。

AMI 中国唯一正式授权培训机构

◇　组织和主办国际蒙台梭利协会职业教师认证培训
◇　为中国的蒙台梭利教育机构提供专业支持与服务
◇　举办国际专业学术会议，编辑、出版专业学刊
◇　组织中国蒙台梭利专业教师赴海外学习、深造

MTC 中国蒙台梭利国际教育培训中心

中国蒙台梭利国际教育培训中心（MTC）是国际蒙台梭利协会（AMI）官方正式授权的在华培训机构，其总部位于杭州，专业从事 AMI 职业教师认证培训以及蒙台梭利教育教学的推广、普及和改进。

AMI 是由玛丽亚·蒙台梭利博士及其子马里奥·蒙台梭利于 1929 年成立的。AMI 的核心目标是保持、传播和深化蒙台梭利博士的理念和原则，促进人类的全面发展。

MTC 的使命

- 培训高素质的教育者
- 为那些弱势群体使用蒙台梭利方法提供更多的便利
- 继续蒙台梭利方法的研究和学习，从而能够分析教育实践并为其提供信息支持
- 通过拓展项目和合作关系来传播蒙台梭利教育原理及实践